打破谎言 还原真相

一本专门为你准备的微表情读心术

刘行光⊙著

DAPO HUANGYAN
HUANYUAN ZHENXIANG

中国财富出版社

图书在版编目(CIP)数据

打破谎言 还原真相 / 刘行光著. —北京:中国财富出版社, 2016.10
ISBN 978-7-5047-6252-8

Ⅰ.①打… Ⅱ.①刘… Ⅲ.①谎言-心理学分析 Ⅳ.①C912.69

中国版本图书馆 CIP 数据核字(2016)第 209470 号

策划编辑 刘 晗 责任编辑 白 柠
责任印制 方朋远 责任校对 梁 凡 张营营 责任发行 张红燕

出版发行 中国财富出版社
社 址 北京市丰台区南四环西路 188 号 5 区 20 楼 邮政编码 100070
电 话 010-52227568(发行部) 010-52227588 转 307(总编室)
010-68589540(读者服务部) 010-52227588 转 305(质检部)
网 址 http://www.cfpress.com.cn
经 销 新华书店
印 刷 北京柯蓝博泰印务有限公司
书 号 ISBN 978-7-5047-6252-8/C·0208
开 本 710mm×1000mm 1/16 版 次 2016 年 10 月第 1 版
印 张 15 印 次 2016 年 10 月第 1 次印刷
字 数 201 千字 定 价 36.00 元

前言

热播美剧《别对我撒谎》中，主人公卡尔用令人惊异的方法轻松破案：没有刑讯逼供、没有物证，只是和爆炸案犯罪嫌疑人聊了会儿天，捕捉到对方耸肩、吸鼻子等几个转瞬即逝的表情、动作，便以此为线索找出了爆炸物的安置点，让人目瞪口呆。

他凭什么线索破的案？答案很简单：面部表情，也就是大家平常所说的“读心术”。

有人说，脸是思维的画板，人们的情绪都会被面部表情凭借眼、眉、嘴以及面部肌肉的变化等体现出来的，内容极为丰富，例如“喜气洋洋”“气势汹汹”“愁眉苦脸”“眉开眼笑”等都是表示人们喜怒哀乐的表情。可以说，人的面部是人体语言的“稠密区”。曾有学者估计，人脸可以做出25万多种不同的表情，这一估计似乎太过惊人，但一般心理学家都认为，人的面部表情变化有两万种以上。例如，作家托尔斯泰曾经描写过85种不同的眼神和97种不同的笑容。

人类的面部是最富表现力的部位，它能表达多种复杂的信息，如愉快、冷漠、惊奇、诱惑、恐惧、愤怒、悲伤、厌恶、轻蔑、迷惑不解、刚毅、果断等，而且面部表情也能传播比其他媒介更准确的情感信息。

人类的心理活动非常微妙，但是从表情里往往会流露出一些蛛丝马迹。比如遇到高兴的事，面部肌肉就会松弛。在人际交往中，如果你够仔细，便能够发现人们的面部总会有各种各样的表情。通常，一个人内心往哪个方向想，他的注意力就会在哪里集中，这是人最原始的反应。而人的注意力集中之处，往往又会从眼神中表现出来，从眉毛上流露出来，从鼻子和嘴巴上反映出来。所以，即使你再能伪装，也难以避免表情的“背叛”。从这个角度来看，人的表情最能真实地反映一个人的思想所在。

在某大学的课堂上，鸦雀无声，心理学教授把一张光碟放进电脑，然后转过身对大家说：“请大家注意看屏幕上出现的一系列人脸，每一种人脸代表着一种心理。三分钟后，你们告诉我，在这些常见的表情中，代表轻蔑、恐惧、悲伤、喜悦、愤怒和惊奇的各是哪一张。”同学们好奇地将影像看完，最后给出答案，但还是有一半的学生没有把表情和其表达的心理完全对应。

教授说：“你们错得最多的就是把厌恶和愤怒混淆了，因为在这两种表情中，眉毛都是朝下的。”接着，教授向大家展示了一组照片，继续说道：“你们看，虽然眉毛都是朝下，但是人在愤怒的时候嘴唇是闭起来的，而且嘴唇的颜色会因生气而发白；当一个人表现出厌恶时，他的鼻孔是收缩变小的。”有一个同学问：“那惊奇和恐惧怎样区分呢?”教授回答：“在惊奇和恐惧时，人的眉毛都是向上展开，嘴巴是张开的。但是人在恐惧时嘴巴会比较紧，而且嘴巴还会向耳朵的方向扩张，而人在惊奇时嘴唇是放松的。”

讲完之后，大家都感受到了表情密码的神奇。原来，在这些司空见惯的表情中，竟然藏有这么多有趣的信息。因此，面部表情可以说是鉴别情绪的主要标志。面部表情还有个心理学名词，叫微表情。主要是指人们通过做一些细小的表情向对方表达某种内心感受的心理活动。微表情一般都是下意识的，因此停留的时间很短，最短的只会持续1/25秒左右。它是人的本能反应，不受思想的控制，也难以掩饰。因此，把微表情说成突破别人心理的利器并不过分。

在日常生活中，很多的矛盾和隔阂多缘于对对方错误的判断。而这种误会，会使得人际关系变得更复杂。如果你懂得解读别人的表情密码，那么就能轻松地走进对方心里，在高兴的时候陪他们高兴，在难过的时候陪他们难过，这样在交往中你就占了绝对的优势。若你完全不懂他人的心理，会让别人觉得和你话不投机，就很难引发其内心的情感共鸣，他人便会本能地对你产生抵触和对抗心理。所以，准确地理解对方的微表情可以了解别人真实的内心世界，从而为人际交往提供指导和帮助。

总之，在这错综复杂的社会，大家每天都要和各种各样的人打交道、相处交往。如果你能从别人的微表情中揣摩出对方的心思，那么你就能很好地洞悉他人的内心。

打破谎言　还原真相

目录

一

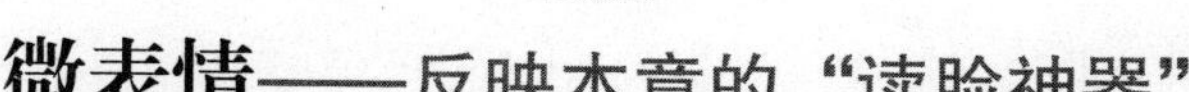

微表情——反映本意的“读脸神器”

二

眉飞色舞——出卖内心的“污点证人”

三

顾盼神飞——暗藏玄机的“摇曳多姿”

四

鼻观心——这其中的弯弯绕你都懂吗

五

嘴唇的艺术——“口是心非”的最佳泄密者

六

下巴的门道——这些猫腻真让人意想不到

七

笑逐“言”开——你知哪个是真哪个是假

八

假伤悲——如此用心的忽悠要仔细辨别

九

辨谎言——是你演技好还是我揭穿得早

一

微表情——反映本意的“读脸神器”

作为一个心理学名词，微表情是指我们通过一些细小的表情向别人表达心中真实的感受。微表情是一种不自觉的表情，能反映出一个人真实的习惯、性情或特性，可谓是反映本意的“读脸神器”。虽然微表情停留时间非常短暂，有时甚至只有1/25秒，然而，在人际交往中微表情的作用却十分重要。因为任何微表情都可能“泄露”心中的某些信息，只要捕捉住这些细小的表情，就很容易搞清楚对方到底怎么想。

破译人心的“密码”让他无所遁形

亚伦·皮斯在《身体语言密码》中写道：“交流中有60%~80%的决定是在身体语言的影响下做出的。”因此，虽然口头语言是我们日常交流最重要的方式，但是借助身体语言，我们能够让交流更加有效便捷。

现在已经有很多专家开始对身体语言进行研究，人们也更加重视观察每个人身上透露出来的“表情”。例如，在工作中遭到上司的无理指责时，下属会不自觉地紧握拳头，表达此时内心的愤怒；在恋爱中，面对心仪男士的表白，女孩会不自觉地低头，双手会摸自己的衣角展现自己的害羞和欢喜。这些动作都会“暴露”当事人的内心，无声地向对方表达了自己的情绪和心意。

由此可见，身体语言的“微表情”其实无处不在，只是我们以前忽略了它，没有仔细地去观察它。

从人类诞生起，身体语言就一直伴随着我们。但是随着人类不断的进化和发展，口头语言成为主流，身体语言这种本能反应我们反而开始渐渐遗忘。直到这种“语言”被越来越多的人关注，行为专家们才将其当作一门借助姿势、手势进行信息传递的课题开始研究。

经过研究发现，这些微动作不受大脑的正常支配，却表达了人类隐含着的一些信息，然而很多时候我们会下意识地将它们忽略甚至根本无法察觉，因此才会感觉既熟悉又陌生。

当人类开始观察研究自己日常生活中的一举一动时才发现，自己内心的真实想法不可能通过得体的语言和动作完全掩饰，因为微表情已经透露了你真实的想法。随着肢体语言知识的不断普及，现在懂身体语言的人越来越多，它已经成了破译人心的“密码”、人际交往的有效工具。倘若我们及时有效地掌握它，这必然是我们人际交往的强大助力。

生活中，那些危害自身利益的谎言会成为我们的重点关注对象，但身边的很多“小陷阱”却被我们忽略了。其实，正是这些“小陷阱”阻碍了我们与别人的进一步交往，令我们陷入被动。这里为大家列举几个语言陷阱的例子。

丰富的面部表情是对方在隐藏真实想法

通常当一个人的眉毛、鼻子、嘴巴等面部器官一起动了起来，我们就会认为他的面部表情过于丰富。比如，当你穿着新买的衣服问好友“漂不漂亮”时，好友回答“还不错，挺好看的”，但她的鼻子和嘴巴挤到一块儿，两道眉毛也纠结在了一起。其实这些表情已经说明了她觉得这身衣服不是很适合你，但为了不影响你的心情，她选择隐藏自己的真实想法。

倘若这时你还在不停地追问朋友，很可能会让朋友选择逃避。以后当你再次邀请朋友陪你一起逛街购物时，朋友可能就会选择“敬而远之”了，因为对方不想让这种尴尬的局面再次发生。所以，遇到这种情况时，我们就应该选择停一停，或者说“我再看看别的衣服吧，也许有更好的”。

嘴部动作反映着人的真实情绪

话从嘴出，人与人之间的交流 90%都是通过嘴完成的，它是每个人表达想法的主要通道。从语言学角度看，每个字在被人说出口之前都有一系列的动作，这些动作与说话人之间有着紧密的联系，反映着人的心理。所以，在交流的过程中，除了要注意对方说了什么外，更要注意其嘴角的变化。

嘴部的动作丰富多样，而且反映着人的真实情绪。比如，当一个人内心充满悲伤的情绪或者负面情绪时，他的嘴角经常呈倒“U”字口型，而“O”字口型则表明了当事人兴奋、高兴或者吃惊的情绪。当一个人紧张或者沮丧时，他嘴角的肌肉也会变得紧张，双唇紧闭变得扁平，并且紧闭扁平的程度会随着紧张程度越来越大。

转移目光表明内心不认同

转移目光在生活中十分常见。比如，老师找某学生谈话，老师在陈述完自己的观点后询问学生有什么想法。这时，学生常常会点头，但他的目光却在移动，或者低头看地面。其实，这表明学生内心不认同老师的观点，在谈话结束之后他依旧会按照自己的想法去做，绝不改变。因此，在说服别人时，倘若对方出现了这些小动作，我们就应当及时调整，换个角度跟对方沟通，或者暂时放弃说服对方，寻找机会去赢得对方的认同。

【读脸术】 生活中，有些人出于某些原因或者目的会掩藏自己的真实情况，然后为了不被别人发现会随大溜故作惊讶掩盖事实。但是，这种装出来的表情在脸上的停留时间会非常短暂，尤其是愤怒、憎恨等具有强烈情绪波动的表情，因为它们不需要时间来酝酿，往往是突然爆发出现。在跟别人交往中，如果发现对方具有以上特征，就要视情况选择当场拆穿其谎言，逼对方说出真相，或换种方式诱导对方说出真相。

只有揭开他的面具才能直捣黄龙

日常生活中，我们发现存在着很多“伪君子”，他们往往表面上很和蔼友善，实际上却阴险恶毒。很多人可能会有疑问：是我们的感知出了问题，还是他们有双重人格呢？他们的内心是一种怎样的状态？下面，我们看几个案例：

职场中：

一个女生和自己的好朋友是同事，她将自己对公司的不满告诉了朋友，而这位朋友却将这些告诉了经理，经理得知后将这个女生解雇了。但是，在这个女生被解雇之后，这位朋友却又表现得非常不舍，追问其被解雇的理由。

恋爱中：

女孩一边对自己的男友说自己有多么喜欢他，可是一边却与另外一个男生卿卿我我、暧昧不清，回头又跟自己的男友约会吃饭……

人在很多时候都是戴着面具的，而我们经常被对方故意流露出来的表情所迷惑、欺骗，就如同上面的案例那样。这时候确实是我们的感觉出了问题，因为我们忽略了对方脸上的细微变化，对对方判断失误。

“人为财死，鸟为食亡”，生活中人们为了利益会刻意地伪装自己，因此想要深入人心，就必须先要揭掉对方的面具。又比如当人们来到一个新环境，面对陌生人的时候，会产生本能的恐惧，充满戒备，但是为了更好地融入环境，他们在表面上却都表现得很热情。在这个融入的过程中，他们可能会故意用一些错位的表情和动作掩饰自我。

在人际交往中，这种伪装出来的假象和带有抵触戒备情绪的心理会给彼此的交流接触带来阻碍。因为对方不希望你了解他，对你充满了戒备，或者他跟你是带有目的的交往，想要隐藏自己的企图。这种对抗情绪会让交流的双方都表现得比较小心翼翼。特别是对方会表现得更加明显，因为是他主动开始的对抗情绪，内心会感到愧疚，同时也充满被发现的担心和恐惧。所以这类人往往不敢轻易和别人进行对视，他们在说话的时候眼神会向右移，并有触摸嘴巴的动作。

透过眼睛我们可以观察到一个人内心真实的想法

眼睛是心灵的窗户，透过眼睛我们可以观察到一个人内心真实的想法。当一个人对你所流露和表达的情感是真实的时候，对方不会轻易地躲闪你的对视。相反，如果对方的眼神在不断躲闪，或者是向右瞟，这就说明对方所说的话里有谎言。心理学家研究表明，出现这种现象是因为别人对你不信任，或者想要敷衍你获得信息，更或者是他人想要利用你、伤害你，但因内心的谴责而产生的恐惧行为动作。

因此，在交往中，你要学会观察别人的目光，如果对方不敢与你的目光接触，或者向右瞟，就要明白对方可能是在撒谎。如果是因为对方对你的不了解而产生的心理戒备，就不要为难别人，用和蔼的态度去赢得对方的信任；如果是对方正在谋划着利用你、伤害你，你就需要多加小心，将自己可能受到的伤害尽量降到最低。

因此，与戴面具的人相处时，你要学会分辨对方所说的话是在敷衍你、不信任你；还是对你有所企图，想要利用你、伤害你。言语间的坦诚能在一定程度上增加你的可信度，不坦诚则会让对方对你产生防备之心。

通过很多小动作我们可以“看到”对方内心的秘密

在交流中，我们会发现很多人的手总是在做一些没有意义的小动作，比如摸耳朵、摸下巴等。其实，这些看似没有什么实际意义的小动作却可以暴露一个人内心想要掩饰的恐慌。当为了敷衍你或者欺骗你故意编造谎言时，说谎者往往会情不自禁地碰触自己的脸，以确保自己的面部表情没有出卖自己。实际上，正是他们的这些小动作说明了他们在害怕，害怕谎话被揭穿。

因此，倘若你在与别人的交往中发现对方总是在用手摸嘴巴、鼻子和耳朵，那你就要明白对方很有可能在说谎。这时你需要注意的就是不要百分之百地相信他们，要分析判断他们的话。但是也不要轻易揭穿他们，让大家的关系变得紧张，要学会在不被人利用和欺骗的前提下维护好彼此的关系。

【读脸术】 人的身体要比语言更诚实，通过很多小动作我们就可以“看到”对方内心的秘密。在与人的交往中，我们要注意观察这些戴着面具的人的微表情，他们究竟是因为内心缺乏安全感，还是对你有所企图，这就需要我们根据实际情况去判断。很多时候，只有你用足够的坦诚和热情才能够揭开他们的面具，走进他们的内心。

别装了，你所有的秘密都在脸上

一个人内心的情感变化我们完全能从他的面部表现看出来。比如，在相亲过程中，男孩发现女孩在跟他有目光接触的时候，都是眼球在水平斜视他。这个男孩断定女孩不喜欢自己，而当天晚上“月老”给出的答复也是如此。

为了让大家对面部表情与心理之间的关系有更好的了解，我们看看下面的几个场景：

在公交车上，一位男士正在怒斥小偷偷了自己的钱包。此时，他脸上的表情是“剑眉倒竖、虎目圆睁”，眼睛瞳孔变大，眼神非常锐利，皱起眉头，眉梢向斜上方挑起，鼻孔呼气加快。

在医院里一位老人刚刚离世，病床旁的儿女们内心非常悲伤，他们此时脸上的表情是这样的：眼神空洞，眉毛呈八字形倾斜等。

从这些场景中我们可以得出结论：人内心情绪的变化会通过眼睛、眉毛、鼻子、嘴巴等脸上的五官完全呈现出来，同时五官的变化还会随着内心情绪变化的程度不同变得不一样。

这些面部表情将人内心的情绪变化和所思所想直观反映出来，是无法进行任何掩饰和伪装的，即使最深沉内敛的人，我们也能够通过面部表情发现他们掩饰不了的秘密。

在与别人交往中，如果你想获得更多的主动权，更加轻松地走进别人的内心，更加自在地与别人相处，那么，学会从面部表情来揣摩拿捏别人的心思就是你最好的选择。在别人情绪低落的时候给他鼓励，在别人伤心的时候及时给予安慰等。这样会让别人在与你的相处之中更加信任你，让你迅速获得别人的好感和欣赏。

在人际交往中，仔细观察对方脸上的每一个细微变化

在与别人相处交往过程中，我们要多观察对方的面部表情，因为一个人内心的喜怒哀乐都会在脸上显露出来。当一个人高兴时他的眼睛和眉毛是怎样变化的？当一个人愤怒时他的鼻子和嘴巴与平时又有什么不同？当一个人痛苦的时候他的面部表情又会有什么变化？

这些情绪的变化经常一眨眼就过去了，对方的一个眨眼，或者嘴巴上的动作，或者鼻孔呼吸的变化，都有可能成为我们关注对方微表情的关键。如果忽视或遗漏了这些小的动作，都有可能导致判断的错误。一旦判断失误，就有可能意味着你已经失去了成功的先机，埋下了失败的伏笔。因此，仔细观察对方脸上的每一个细微变化是你在和别人相处时必须要注意的。

上文我们说面部表情随着内心情绪的变化在不断地变化，所以每个人的脸部表情是很复杂的。当多种表情出现的时候，我们要学会判断到底以哪个为主。而这种判断和观察的能力是需要日积月累的，就像老人常说的“我走的桥比你走的路都多”一样，这是一种经验。只有当你能够准确判断别人的情绪之后，你在人际交往中才能够占据更多的主动。

在人际交往中，我们对对方情绪的判断应该综合考虑

有时候，显现在人脸上的表情是很复杂的，并不是单纯的一副表情。比如，当人在恐惧的时候，眼睛会睁大，瞳孔会变大，脸上会传达出强烈的对抗之意。当这个情绪出现之后，脸上的眉毛、鼻子、鼻孔和呼吸的频率等都会有所变化。

恐惧表情通过脸部五官完全呈现出来，很多人都可以直接观察出来，但是有时候表情在五官上不会全部出现，甚至会出现错位的情况，在这个时候我们该如何判断对方内心的情绪呢?

一个人在对朋友撒谎的时候除了内疚可能会带点兴奋，在开心的时候可能会担心“福兮，祸之所伏”……这些复杂的情绪掺和在一起之后，在脸上呈现的表情就是各种各样的情绪组合。此时，我们对对方情绪的判断就应该综合考虑，首先分析出对方的主要情绪表情，然后再注意细微之处。

【读脸术】 我们学习微表情，最主要的目的是为了拿捏和揣摩对方内心深处的真实想法，而面部表情是心理的直观反映。在人际交往当中，根据面部表情，比如眼神、眉毛、嘴巴和鼻子的变化，来判断别人内心的情绪变化以及隐藏的秘密，拿捏别人的心思，做出正确的判断。然后在交往过程中适当地迎合，尽量照顾对方的情绪，为自己的人际交往助力。

谁想要控制潜意识？门都没有

在人际交往中，我们会发现，有的人一边嘴上不停地说着恭维别人的话，脑袋却在左右转动。这是怎样一回事？这种情况又在不经意间说明了当事人怎样的心理状态呢？对此，我们该如何做出准确的判断呢？我们可以看看下面的场景，然后寻找答案。

销售员和客户之间：

销售员在一旁很激动地向客户推销商品，客户看上去好像在认真地听销售员阐述，实际上眼神却在四处游走，有些心不在焉。当销售员介绍完产品后，客户却是一脸茫然。

男女朋友之间：

一对恋人约会吃火锅，男孩不喜欢吃辣，但女友却是“无辣不欢”，为了满足女友的口味男生只能迎难而上。虽然鼓足勇气吃了辣椒，但是男生却张着嘴、吐着舌头，在不停地喝水。

通过上面的例子我们可以看出：人的精神永远无法强迫潜意识。即使是特别会伪装的人，他的表情和动作也会“出卖”他。

在与人相处的时候，要多留意对方脸上出现的那些细微表情

作为人的本能反应，潜意识里的行为和表情是无法掩饰的，即使伪装得再好，也会有一些一闪即逝的表情细节可以看出来。因为掩饰是需

要准备的，但是潜意识里的行为和表情却会在第一时间表露出来，比如嘴角微斜、眼神斜瞟等，很多时候它们在脸上的停留时间不到半秒钟就消失了或者变成了别的表情。虽然稍纵即逝，但内心的真实情绪已暴露了。因此，我们要有敏锐的观察力和洞察力才能够在这些瞬间的表情中发现他人内心的端倪，避免稍不留神就错失良机。

因此，在与人相处的时候，要多留意对方脸上出现的那些细微表情。倘若你忽略了，只关注到了对方刻意表现出来的情绪，那么你得到的信息就会有偏差，导致你做出错误的判断。当然，这些稍纵即逝的表情也许会再次出现，但是它们已经被掩藏得更深了，想要发现就更加困难了。因为精神永远无法强迫潜意识，因此只要认真仔细地观察，你一定可以通过别人的表情看到他们的真实内心，那些通过伪装和掩饰刻意表现出来的表情是不可能替代微表情的。

只有通过观察别人的微表情做出了正确的判断，你才能拿捏准对方的心理，才能在与他们的相处中做出适当的配合与回应。倘若判断失误，你就可能触犯到别人的禁忌，给彼此之间的关系带来伤害。

和人沟通时，微表情比说出的语言更容易让人信服

当一个人通过语言表达自己思想的时候，很有可能会受精神的驱使而做出一些带有自我意识的逃避或遮掩，但是微表情却能够在精神试图控制它们之前提前表现出来。因为精神根本控制不了它们，它们是人的潜意识行为，是人的本能反应。在一定程度上，微表情比说出的语言更容易让人信服。

因此，在与人沟通的过程中，我们要学会判断别人所说的话，不要忽略自己的感觉和判断。那些经过精神加工处理后的语言，能够掩饰别人内心中某些不好的情绪，可能会让我们对对方的感受产生偏差。所

以，观察和感觉微表情就会变得特别重要。

精神永远无法强迫潜意识。根据这个真理，我们在做出判断的时候，就不要轻易掉入别人的语言陷阱，要多多注意对方脸上的微表情和身体上的一些微动作。只有这样，你才能拿捏好别人的情绪，进而做出准确的判断，在人际交往当中获得主动。

【读脸术】 我们在与人的交往中一定要牢牢记住：人潜意识里的情绪完全是本能的反应，不会受到精神的干扰控制。因此我们不妨多观察别人脸上的细微表情和身体的小动作，如眼神和眉毛的瞬间变化等，不要完全听信别人的语言，让自己陷入别人伪装的陷阱中。

情绪才是人们言行的真正主宰

在日常的生活中，我们总会遇到这样那样的事情，让我们或快乐，或开心，或痛苦，或悲伤。比如，有一个女孩子和男朋友分手了，失恋的挫折让她感到非常痛苦，于是她就上街不停地走，而且吃饭一点胃口都没有，睡也睡不踏实。或许你会不明白：为什么她会有这样的举动呢？这是因为人们的情绪常常会左右他们的言行，在情绪的作用下，人们总是不由自主地做出一些失去理智控制的行为。

正在恋爱中的朋友，也经常会有这样的经历：两人原本手牵着手，高兴兴兴地一起去吃饭，脸上洋溢着甜蜜的幸福，可是在点菜的时候，两人的意见却不统一了，男生要吃口味清淡的，女生却非要点麻辣的，两人互不相让，最终的结果是愉快的心情烟消云散，赌气不吃了，气呼呼地走出了餐厅。

在学校里，类似的场景也屡见不鲜：某学生得知自己这次的考试成绩不佳，感到十分难过，可是后来得知原来是老师看错了名字，其实他考得很不错，在班级名列前茅，这位学生顿时情不自禁地大声欢呼。

通过以上的种种事例，我们可以知道，每个人的内心世界都难免会受到自身情绪的控制。人之所以会产生情绪，是因为他内心的期待与现实之间存在着差距而导致的。当这个差距不大的时候，他的情绪就是积极向上的；反之，当这个差距被拉大时，他便会产生消极颓废的负面情绪。

人的内心世界是会受到自身情绪影响的，而且随时随地都受到情绪的控制。原因在于，每个人的内心深处都对生活有着或多或少的希冀。当我们的期望在现实中实现了的时候，我们会觉得这是理所当然的，感觉到现实“顺从”了自己，自然就会感觉到开心，感觉到快乐，心中满满的幸福感。反之，当现实生活与我们内心的期望产生了很大落差的时候，我们就会深深地抱怨“为什么会这样”，觉得生活处处都在和自己作对，于是就感觉到伤心和难过。不过，对于一件相同的事，假如我们能够变换一下看问题的角度，适当地把内心的心理期望值降低，那么人的正面和负面情绪也是可以互相转化的。由此可见，人们的言行受情绪的控制程度，也是因人而异的，对于那些意志力较强、较为理智的人来说，比较不容易受情绪的影响，而对于那些内心意志薄弱、容易冲动的人而言，则受情绪的影响程度就比较大。因此，我们在“识人”时，就应该结合不同人群的性格特点来对他进行分析。

然而，不管多么理性的人也无法完全摆脱情绪对他的影响，尽管他们可能会借助其他的言行来控制自身的情绪，但是我们只要仔细观察，仍然可以通过他们脸上的一些细微的表情变化获知一二。因此我们在人际交往的过程中，应该多加留意观察别人五官的细微变化，通过他的五官的不同状态来判断对方的情绪，这样一来，在与他人相处的时候，我们就能够有针对性地加以配合或规避，这种技巧对于我们和他人建立健康、和谐的人际关系是十分有效的。当然，一个人的情绪并不仅仅会表现在他的表情上，通过他的动作和语言也可以做出判断。

在人际交往中，应该根据对方情绪好坏做出适当的回应

人们的言行常常会受到情绪的影响，无论是好是坏，情绪的产生都是视心理期待而定，而心理期待往往是由对事物的认识所决定的。当然，这个认识在很大程度上来自于交流。随着这个认识的变化，人们的心理期望也不尽相同，这就是人的情绪往往变化多端、难以捉摸的原因所在。随着人们对事物的不断认识，许多原本让我们伤心难过的坏消息，可能会转变为令人高兴的好消息。

在人际交往的过程中，应该根据对方的情绪好坏做出得体和适当的回应。在对方心情愉悦的时候，我们要耐心地倾听，和对方一起分享开心的事情；在对方难过的时候，我们就应该及时对他进行开导和安慰，降低对方内心对现实过高的期待，拉近与对方的心理距离。假如你的开导和安慰不能起到较好的效果，那么你不妨尝试着给对方一个友善的拥抱，或者只需要默默地陪在他身边就足够了。

小宇离开了父母，一个人在异地生活，这让他常常感觉到孤独和寂寞，非常痛苦，所以他每天都一副愁眉苦脸的表情。有一天，他的邻居来串门，和他敞开心扉，聊了很多，对他做了很长时间的劝解，并告诉

小宇“孤独可以让一个人变得成熟”的道理，小宇听完以后豁然开朗，对于自己的孤独生活不再觉得痛苦，而是开始学会把孤独、寂寞和生活的种种艰辛当作一种“享受”和“磨炼”，从此以后，他的心情一天比一天好。

在人际交往中，多把自己的快乐与他人分享

人的情绪还会受到一些外部因素的影响。例如，晴朗的天气会让我们感到心情愉悦，而阴郁沉闷的天气常常会让我们感觉很压抑。同样地，当你周围的每个人都开心微笑的时候，即便你的心情很糟糕，你也有可能受到他们的感染，而逐渐开心起来。反之，如果你周围的人个个情绪都很低落，那么你也很难开心起来。由此可见，人的情绪在很大程度上，也受到外界环境的影响。

所以，在人际交往的过程中，如果你有感到特别开心的事情时，不妨和自己的父母、爱人、孩子和好朋友分享你的快乐。当别人也感到快乐时，他们积极的情绪又会反过来影响你，你的开心就加倍了。而当你感到伤心痛苦的时候，可以学着独自承受，尽量避免让你的坏情绪影响到别人的好心情（当然，这并不是绝对的，需要自己把握）。这样一来，你在和他人相处的时间里，给他们带来的都是积极向上的、快乐的正能量，别人自然会更加喜欢与你相处。

【读脸术】 人们往往会受到情绪的影响。虽然人们内心对事物的看法，以及内心的情绪变化往往不会通过语言让他人直接感知，但是都会通过他的面部表情和行为动作表现出来。所以，我们在人际交往的过程中，一定要注意多观察，分析判断别人的情绪好坏，然后加以区别对待。在掌握了这一点信息以后，我们就可以采取相应的方法去和他更

好地进行沟通和交流。例如，安慰和帮助他从坏情绪里走出来，和他共享快乐的事情，或者把自己的快乐与他分享等。

读懂他内心的秘密才能对症下药

在日常生活中，我们发现有很大一部分人外在表现出来的言行与其内在心理并不一致：本来应该很开心，但是却要装作不高兴；明明心情很不爽，却要在别人面前表现得很轻松。他们之所以这样，可能是希望伪装和掩饰自己，也有可能是为了迎合别人而有意做出这样的反应。为了能更好地研究，我们来看几个典型的场景。

开追悼会时，我们能够看到这样的场景：朋友出现在他父亲的追悼会上，拍拍他的肩膀说：“节哀顺变。”朋友说这话时语气低沉，眉毛下倾，显得非常难过。

结婚时，也能看到这样的场景：看到自己的妹妹结婚了，尽管妻子刚刚住院，哥哥还是强作笑脸地对妹妹说：“新婚快乐。”

从上面的场景中能够看出：有些时候各种表情并不能反映对方真实的心理情绪，这就意味着，只有了解别人各种行为下的主观思想，才能营建更为成熟和长久的人际关系。

了解各种行为下的主观思想，意思是说人的行为和表情有时候并不能真实反映当时的心理情绪，这种伪装和掩饰的表情后面隐藏着主观思想，比如希望保护自己，也可能是为了迎合他人。之所以掩饰是为了保护自己，是因为行为主体心中没有安全感，内心充满了戒备和对抗，希望借助表情的掩饰在自己与他人之间建立起心理屏障。而倘若这些言行是为了迎合别人，那么说明对方心中渴望接纳别人，是一种完全顺从的姿态。

在与别人交往时，要正确解读别人的面部表情和心理情绪，根据别人不同的主观思想和动机来区别对待，这样才能更好地在与别人交往中获得优势和主动。当然，在这个过程中，最重要的还是要观察和解读，看透对方伪饰表情下的真实心理，然后再做出正确的判断。倘若连别人真实的心理都不能把握，恐怕你与别人的交往就不能顺畅地发展了。

倘若伪装的表情是为了掩饰，那么不要轻易揭露对方内心的秘密

为了不让别人过多地了解自己、伤害自己，所以人们用伪装的表情来掩饰自己内心。一般在这种情况下，行为主体内心非常缺乏安全感，渴望以掩饰的表情迷惑别人，达到隐藏自己真实心理情绪的目的，以求内心的安稳。这种心理具有戒备和防御性，表示主体很难去接纳和顺从别人。

在与别人交往时，倘若你从对方脸上看到有意做出的夸张表情，那么毋庸置疑，对方是在掩饰自己的内心，戒备性很强，不信任你，害怕你洞悉其内心而给他带来情感上的伤害。这时，你最好不要轻率地捅破“窗户纸”，而是要跟对方适当拉开一点距离，将敏感话题避开，挑一些无关紧要的话题谈谈，让别人渐渐地信任你，这样你们之间的交往才能“更上一层楼”。不然的话，揭露对方内心的秘密，会激发对方强烈的抵触情绪，人家甚至会拒绝再和你接触。

欣怡和朱云住在一个楼道，平日里两人很少来往。这天，在出去遛弯的时候，她们刚好碰到了一起。欣怡发现朱云谈笑的时候有点不自然，再仔细一看，察觉她的眼睛有些红肿，于是欣怡认为朱云此时心里一定非常痛苦。不过她没有多说，而是和朱云聊了一些无足轻重的话题。渐渐地，朱云对欣怡产生了信任。这天下午，她主动来找欣怡，说出了自己的委屈。

倘若伪装的表情是为了迎合，不妨打开心扉、接纳对方

伪装并不一定是为了掩饰内心的秘密，有时是为了迎合别人的情绪，为了能使人际关系更加顺畅。因为是别人主动迎合你，所以内心是倾向于敞开的。这种情况下，对方没有内心的抵触和戒备的情绪，而是完全的接纳和顺从。

因此，在人际交往当中，倘若你从别人伪装的表情中洞悉了对方的真实心理，得知他的伪装只是为了迎合你，那么说明人家是真心实意地想要和你交往。这时候，你不妨打开心扉、接纳对方，这样你们之间就有成为朋友的可能。当然，在这个过程中，也要有所提防，避免对方利用你的信任，而在不知不觉中对你实现驾驭。

大刘刚到一个新公司上班，有一个同事和他接触的时候，伪装出熟络、热情的态度来迎合他，于是，大刘和他成了很好的朋友。可是大刘慢慢地发现，这个同事总是有意无意地驾驭他，把他“当枪使”。为此，他很是郁闷，渐渐地开始和对方保持距离。

【读脸术】 掌握各种情绪下的主观思想，说的是人之所以有时候刻意伪装自己的表情，有可能是为了掩饰自己内心的秘密，也有可能是为了迎合别人。这就是说，在人际交往当中，要多观察，多了解对方的主观思想，以便加以应对。当然，这需要一些方法和策略，倘若发现对方在刻意隐瞒内心情绪，与其随便揭穿，不如装糊涂甚至帮助对方隐瞒。倘若发现对方是在主动迎合自己，就可以考虑打开心扉接纳，只不过同时要注意，不要被对方轻易地驾驭。

施展读脸术要注意这些“戒条”

在现实生活中，谁都能够根据场合的需要，表达出丰富多彩的身体语言，当然也可以利用别人的身体语言来洞悉人心。不过，就像其他类型的语言一样，身体语言也有着一些独特的规律和“戒条”。我们只有把这些规律和“戒条”烂熟于心，才能使身体语言的功能真正发挥出来，不然就没有办法成为一个解读身体语言的高手。

举个例子来说，倘若一个人不自觉地挠头，这个动作的含义很丰富：可能是表示尴尬、内心不确定，可能是想掩饰健忘的尴尬，也可能是掩饰自己的谎言，还可能只是表明头痒的一个简单动作。这时候，倘若我们不将这个动作与同时发生的其他表情和动作结合起来看，就不可能看透对方的内心，从而得到自己想要的讯息。所以，微表情分析和运用的一大“戒条”就是：要结合具体情境与人物特点，千万不能片面地给别人的言行下定义。

无论对于谁来说，解读他人的身体语言信号都不是一件容易的事情，何况人类对于非语言信号的感觉极为微妙，这种复杂性使得整个解读过程更加艰难。想要跨过这些障碍，成功找出各种微动作的破解密码，我们只有潜心钻研身体语言的规律与“戒条”，才能使获取的信息更加准确、流畅。

除此之外，身体语言本身也带有一定的硬伤，有时它可能发出矛盾的信号。例如，某人垂头丧气地告诉我们他做错了一件事，身体却不自觉地向前倾斜，而不是尽力向后靠；上司皱着眉头说他不同意，手却放在我们的肩膀上以示安抚。众所周知，人类是高智商的动物，到底哪一个动作才代表其内心的真实想法，谁都不能轻易做出正确的回答，因此需要遵循一定的“戒条”去规范对微表情、身体语言的分析与判断。

既然身体语言的“戒条”如此重要，那么，我们如何才能熟练掌握呢？下面列出一些身体语言“戒条”，供大家参考或借鉴。

将微动作融入实际环境之中才能获取准确信息

刚开始学身体语言的人经常会犯类似的错误，无视环境因素对动作的影响，对他人的微动作进行孤立、片面地解读，结果不仅失去了机遇，还无意中搞砸了整件事。其实，跟口头语言一样，身体语言也有相应的词组、句子与标点之分。其中，句子就表示表情或动作所处的具体环境，倘若不将“微动作”这个单词放入到句子里，我们就不能完全把这个词语的具体含义搞清楚。

比如，当一个人感到无聊时，会不时摸头发或玩弄自己的头发，眼角也会不自觉地下垂，表现出一副无所事事的样子。不过，如果结合其他动作或表情，摸头发动作也能表达这个人心中的焦虑或不确定感。因此，倘若我们希望获取准确的信息，就应该考虑观察他人的身体语言，将微动作融入到实际环境之中。

有些人下意识的小动作有着特殊的含义

特殊身体语言是相对于普遍身体语言来说的，它不属于大部分人的行为举止，是专属于某一个体所发出的独特信号。细心的人很容易看出来，有些动作经常与某种固定的含义联系在一起，如握紧拳头代表愤怒、用力挥手是告别的意思等，但有些人下意识的小动作却有着特殊的含义，而且很不容易被他人发现。

比如，当父母察觉到孩子在参加考试前会挠头或咬嘴唇时，就明白他还没有做好充分的考前准备，因为这些行为是他缓解压力的“招牌动作”。以前，父母也曾经看见孩子在紧张时做过一模一样的动作。所以，如果想识别这类特殊的身体信号，我们就要先仔细看看周围人的动作。我们跟某个人在一起待的时间越长、互动得越多，自然就对他了解得越多，也就越容易发现这种信息。

我们要善于发现虚假的表情和动作

每个人都喜欢伪装和掩饰，毕竟谁都不愿意把自己的缺点暴露出来，更不想给他人留下坏印象。于是，人们为了自己能符合完美无缺的角色定位，往往会做出虚假或具有误导性的表情和动作，以掩盖自身的缺陷或隐藏内心的真实想法。因此，我们要善于发现这些虚假的表情和动作。

心理专家曾经统计过，在工作的时候，人们有80%~90%的时间是在掩饰自己的行为。例如，开会时假装倾听，用手支撑着下巴，表示自己正在思考会议事项；受到上司批评时，为掩饰愤怒，低头表示自己虚心接受，实际上背在身后的手早已握紧了拳头等。如果想炼就一双能区分真假信息的“火眼金睛”，需要非常多的实践和经验，这不仅要求我们用心去观察，缜密的思维能力也是必不可少的。

【读脸术】 每个人都有不一样的行为习惯，不一样的行为表达不一样含义。因此，在解读身体语言时，千万不能忽略行为基准线的重要性，只有充分重视它，才能找到破译微动作密码的侧重点。我们一定要注意观察人们的各种日常姿态，如习惯姿势、面部表情、头的倾斜度，甚至包括如何放置自己的物品……不然的话，我们很可能弄不懂对方希望表达的意思，给人际交往带来麻烦。

打破谎言　还原真相

二

眉飞色舞——出卖内心的“污点证人”

“眉者，媚也。为两目之华盖，一面之仪表，是谓目之英华，主贤愚之辨也。故欲疏而细、平而阔、秀而长者，性聪敏也，若夫粗而浓、逆而乱、短而蹙者，性凶顽也。”这则古文告诉我们的是，在古时候，我们的祖先就已经懂得了凭借眉毛来对一个人的性情进行分析判断。这当然不是江湖术士的骗人术，而是有一定科学依据的。一个人的眉相从医学角度看，也代表着其内分泌系统与肝肾系统的状况，而肝脏及内分泌（荷尔蒙的分泌）正好是影响一个人性情的最主要的生理因素。所以，一个人的性情如何，从眉形上即可看出一二来。

八字倾斜的眉毛：我真没用，我心情很糟糕

人的眉毛呈八字式倾斜的情况，我们在日常生活中会经常看到。这种情况表明对方的内心处于一种什么样的状态呢？也许你会说，对方的眉毛原来就是如此，或者你还可以认为是故意修剪成那样的。但事实并不是这样，一般来说，当对方内心酝酿着某种情绪的时候，其眉毛会呈现八字式倾斜。那么，这种八字倾斜式眉毛后面究竟隐藏着什么样的内心情感呢？我们可以从以下一些案例中寻求答案。

在医院里，儿女们急匆匆地赶来，却发现老人已经离开了人世，他们在伤心哭泣的时候，眉毛呈现八字式倾斜；在监狱的探视厅里，当亲人们出现时，犯人低着头不敢与他们进行目光交流，他们的眉毛也会呈现八字式倾斜。从上面的例子可以看出，眉毛呈现八字式倾斜并非眉毛本身的问题，更不是故意修剪的，而是说明对方正陷入巨大的悲伤之中，充满了内疚之情。此种表情表现了当事人的内心正在经受失败、抑郁情绪的侵蚀以及巨大的良心谴责。

在日常生活中，八字倾斜的眉毛是在告诉我们："我的心情糟糕透了，我是个没用的人。"在此过程中，内心对自己的否定与不满，使得他们将过多的精力耗在自己身上，而对别人缺乏足够的热情，态度非常冷漠，对人也没有任何的提防与戒备。也正因如此，这种表情会让他人感觉到主体不够热情，只是陷于自己的悲伤中不能自拔，或主体容易受人驾驭。

当发现他人眉毛呈八字式倾斜时，应多给予关心与安慰

眉毛呈八字式倾斜，意味着一种自我沟通。这种表情出现时，加上眼神空洞无物，说明主体内心正在进行激烈的自我斗争，因失败或挫折打击带来的心理错位与自我价值之间的巨大落差产生了巨大的痛苦情绪，而且这种情绪正将其深深笼罩。此时对方的内心处于封闭中，更多的精力用在自我调整上。心理学家研究发现，这时候人的防御与攻击性很弱，他们更多地关注自己的内心斗争，而对外界表现出失去兴趣的倾向。

在社交活动中，假若与你交流的人眉宇间出现了这种表情，那么你要懂得：对方此时内心之中正经历着莫大的斗争，抑郁的情绪正将其笼罩，此时对方情感最为脆弱，多给予对方关心与安慰是你此刻要做的，向他们询问，并给予一定的关注、肯定，让其内心感觉到温暖，以逐渐恢复自我肯定，从而及时振作起来，早日脱离悲伤压抑的情绪控制。而在此过程中，你已经站到了对方心理最关键的位置上。

当看到别人眉毛呈八字式倾斜时，应多给予劝解及肯定

假若他人脸上出现了这种眉毛呈八字式倾斜的表情，且主体眼神下移、害怕正视，那就说明对方正为自己的错误行为内疚、自责，良心备受煎熬。这种表情是在说：“我非常懊悔，我不应该犯这样的错误。”对方内心深处不断地对自我进行否定，对外界失去了必要的兴趣。通常这种表情是在处理“自己和自己”的关系，对他人没有任何的防御及攻击性。

在社交活动中，当发生这种情况时，你要做的就是拍拍对方的肩膀，或是鼓励及赞扬一下对方，以帮助对方迅速从内疚与自责中走出来。

如你的好友因为一时冲动说了许多伤害母亲的话，你来与其沟通时，发现对方眉毛呈现八字式倾斜，且眼神下移，不敢正视你。你不妨拍一拍对方的肩膀，尽量“找寻”到对方的眼神，然后注视着对方说：“我知道你当然不是故意的，你非常孝顺妈妈，年轻人谁没有冲动的时候呢……”

巨大的痛苦此刻正充满了对方内心，悲伤与内疚使其对外界失去了足够的兴趣，这时对方对你无任何戒备心理，并很容易被你支配。你应该对对方的这个表情及时领会，及时让他从这种痛苦中脱离出来。

【读脸术】 眉毛呈八字式倾斜，表达的是悲伤与内疚，是一种由于价值感错乱而产生的心理认知上的差距，是内心深处的自我调整。所以，在社交活动中一定要想法帮助对方尽快远离这种消极情绪。如迅速将交谈的重心转移到对方身上、多关怀与鼓励对方等。当然，在这个过程中通过和对方进行眼神和身体上的接触（如拍拍肩）来传达温暖，也是很必要的。

眉毛呈10∶10状：上脸是吧，我可要发飙了

眉毛也能将人内心的秘密泄露出去。如一个女孩子正在街上溜达，却突然被人猛撞了一下，而对方一点也没有致歉之意。此时，她的眉头会马上向面孔中线皱起、下压，眉梢向面庞两侧的斜上方挑起，人们通

常将这样的眉毛称为“10:10 式”。可能你会说这是生气时的表情，往深层次上说，这是愤怒时的表达。行为主体因受到莫名其妙的攻击而产生的反抗冲动导致情绪出现波动，并借助眉毛的细微动作表现了出来。为了理解得更透彻，我们试看看以下场景。

在交通拥堵的马路上，我们常看到这样一幕：两辆车不小心“亲密接触”了，互相指责和谩骂着的两名司机，他们的眉毛非常明显地呈现出这种 10:10 式；在法庭上，也能常常看到这样的场景：原告与被告唇枪舌剑地进行着激烈的辩论，充满了浓浓的火药味，他们的眉毛此时呈现的也是 10:10 式的样子。

由此可知，眉毛呈现 10:10 式，说明行为主体内心情绪非常不稳定，急需发泄。这种眉毛动作恰恰说明了主体的内心因为心理落差而产生了强烈的攻击性，一般来说，行为主体出现这种表情往往是在受到伤害时。

在社交活动中，眉毛呈 10:10 式传达的意思是：“我非常愤怒，因为你伤害了我。”在此过程中，其内心堆积的负面情绪会越来越多，越来越激烈，攻击性也随之越来越强。也正因如此，他们只能用眉毛呈 10:10 这一方式，来表现自己内心因受到不公而产生的波动，希望别人能就此罢手，从而使自己不再受伤害。

当发现他人眉毛呈现 10:10 式时，你要尽快停止正在进行的言语与行为

眉毛呈 10:10 式表达的意思是：“你若敢伤害我，我一定让你吃不了兜着走。”行为主体通常以此来抚平内心受到伤害后的创伤。心理学家分析认为，此时主体的攻击性是最强烈的。

因此，在和人交往时，假若你发现对方的眉毛呈现 10:10 式，那么你就要懂得：你的言语和行为冒犯了对方，已经引起对方极度的反感与厌恶，甚至对他而言这是一种污辱。此时，你需要尽快停止一切言语、

动作，以缓和对方内心的对抗情绪。此刻你不要做太多的解释或者试图缓和，否则会引起对方误会，导致不必要的麻烦。待对方情绪平息些后，再试着去努力与之沟通。

和有这样情绪的人交往，你要切记：他们内心的攻击性非常强，眉毛动作其实是进行自我防备的外在表现——他们强大的攻击性正好说明其内心的虚弱不堪。与他们交往，不要与他们争高低，凡事让着他们些。如此，才能使他们的不良情绪得到适度排解。

当发现别人的眉毛呈 10:10 式时，你要对措辞、语气和语调多掂量

当和你交往的人眉毛呈现 10:10 式时，那就说明他对你产生了强烈的厌恶感，你让他感到了不愉快甚至是愤怒，希望你不要再说话，或是赶紧从他面前消失。此时假若你仍不注意说话的措辞、语气及语调，必然会引起对方的猛烈爆发，从而不利于两人之间的继续交往。

在社交活动中，假若你发现跟你交流的人眉毛呈现 10:10 式，且呼吸急促，并且眼神似刀子般锐利，那么此时你就要多注意表达时的措辞，说话时的口气与语调要和缓些，不要带有任何攻击性，避免因为你不当的表达引起对方发飙。因为此时，对方的情绪很不稳定，稍微有点风吹草动就能引发对方的狂风暴雨。要想使对方的情绪慢慢平静下来，只有在细节上做出调整，避免因发生冲突而给你的社会交往蒙上阴影。

【读脸术】 眉毛呈 10:10 式是愤怒的前兆，是因担心受到伤害而本能发出的自我防御的一种表情。因此，在社交活动中一定要采取相应措施与方法来对对方加以引导，避免发生冲突。如及时表达对对方的认同，表现出你的顺从，不要与对方做没有意义的争执等。当然，这样做的目的是不想与对方发生冲突而影响日后的交往。

眉毛高抬：你说的话我连标点符号都不信

在社会交往中，我们经常会从别人的脸上观察到这样的表情：眉毛迅速高抬。这到底是一种怎样的表情呢？这种表情后面又包含着什么样的心理呢？是因为眼睛不舒适，还是发现了什么令对方惊喜的东西呢？带着这些疑问，我们一起来看看以下的这些场景，或许能从中找到想要的答案。

火车站大厅里人流不息，我们经常会看到这样的情景：两个久别的人重逢后，亲热地握手或者拥抱。假若你稍加留意，会发现他们的脸上正有着我们所说的这种表情；一对夫妻开车去购物，购完物来到停车场，却找不到爱车，丈夫问妻子：“奇怪！我们刚才开来的车呢？”女人说：“啊？不是你停的车吗？”此时，两人的脸上也会出现这样的表情。

通过以上场景，我们很容易发现，眉毛高抬是在表达一种欣喜或者惊讶，说明对方听到或看到了令人欣喜的情况或突发的不良状况，这些情况一般都超出了他们的心理预期，给他们平静的心灵带来了一些震动。在眉毛高抬时，对方的瞳孔也会相应变大。

眉毛上扬是一种表达内心喜悦或惊讶的表情。一般来说，出现这样的表情，说明对方接收到的外界信息超出了他们的心理预期，由于心理落差大，给他们带来了震惊与刺激感。但是很快，他们就会沉浸在兴奋的情绪当中，享受着因心理期待获得满足而得到的幸福感。又或者，在好奇心的诱惑与驱使下，人迅速从心理落差所造成的真空中清醒，并且集中全部注意力去看到底是怎么回事。人在出现这种表情时，通常有点不相信自己，内心有了一些戒备，担心会因为现实不真实而受到伤害，不过这种戒备心理会非常快地消失。

在社交活动中，眉毛高抬是在告诉我们："你说的真实吗？我不太相信。"在此过程中，心理预期已经被超乎想象地满足，行为主体难免会因为担心受到他人的欺骗而略有心理戒备，从别人的眼神与动作上来分析判断此事是不是真实的。同时，其内心的这种落差所带来的剧烈情绪也会迅速地得到疏解。

当发现别人眉毛高抬喜悦时，要积极参与分享

眉毛高抬表达的可能是一种喜悦。此时，对方内心因为突遇喜事而存有几分疑虑，同时另一方面其内心又确信无疑，所以借助这种表情来获得自我确认。这时对方的瞳孔会在很短的时间内变大，情绪迅速集结想要释放出来，这也是为什么许多人在好事突然降临时会大喊大叫的原因。

在社交活动中，假若你观察到和你交流的人眉毛忽然高抬，且眼中闪烁着欣喜的光，那么你要懂得：对方得到了好的信息或者是期待很久的事情终于实现了，并且远远超过了他们心理预期。此时你要做的，是将对方的幸福当成自己的幸福，积极分享他们内心的欣喜之情。心理学家研究发现，人在开心时，更希望能有人参与分享，好让这份快乐得到传递。

当对方有了这种表情后，通常情况下都会有情绪的酣畅表达。这种激烈情绪没有任何攻击性，不会对别人构成伤害，反而还会将快乐和幸

福传递出去，因此你不如积极地回应对方，使对方快乐与幸福的感觉大幅增加。这样，彼此间的心理距离才会快速拉近，对于你来说，自然有利于人际关系的发展。

当发现别人眉毛抬高惊讶时，要用认真的态度来为其解惑

眉毛抬高还可以表达另外一种情绪，即惊讶。当这种情绪出现时，表示对方对你所提供的信息有点怀疑，因为你的信息与对方心里所想的有一定程度的差异。通常，这种表情出现时，还会伴随着一声“啊”“真的吗”或者“不会吧”等言语，表达主体在变动面前的惊恐和无法接受的情绪。这种情绪的出现，表明对方迅速警觉的神经已经设起了防御，因此，对方有可能会有一定的攻击性。

假若这种表情出现在和你交流的人的脸上，那表明你所提供的信息激起了对方内心的涟漪，导致别人对你产生了质疑和戒备心理，希望通过你的言语与表情来求证信息是不是真实。此时你要这样做：认真地看着对方的眼睛，告诉对方事实的真相。当然，假若起初就只是开个玩笑，那么完全可以做个鬼脸，以此来告诉对方你并不是认真的。这样做，不但能尊重别人的情感，还能给生活带来一些乐趣，当然更有助于人际交往健康、持续地发展。

在日常生活中，我们很容易见到眉毛高抬的表情。它是一种亢奋情绪，是人们在接受外界的信息后，因信息与自己的内心预期之间有差距而表现出来的。明白了这一点，我们在和人交往的过程中，假若发现了这种表情，应迅速从其眼神与言辞中判断对方究竟是很兴奋的喜悦还是不悦的惊讶，以便迅速采取相应的措施与方法应对，从而让你周围的人更加喜欢、欣赏你。

【读脸术】 眉毛高抬是欣喜或者惊讶时的表情，是一种在了解到所接收的外界信息和内心的认知或期待有所差异后，自我和内心进行沟通时出现的表情。因此，在社交活动中，假若发现了这种表情，一定要采取适当的措施与方法来和对方进行互动。假若对方的眼睛里有光芒在闪动，那么在情绪上理应同样会表现出激动，此时你不妨与对方击掌或者拥抱等。假若对方的眼神很锐利，那么有可能是在表示质疑，此时你应向对方表达你的真诚，使对方感觉你值得信赖，避免对你产生误会。

眉毛下压紧绷：情况糟透了，我内心很不爽

眉毛呈现下压紧绷，是一种对现状不满的情绪表达。如当下属一连迟到许多次之后，领导脸上表情很凝重，眉毛出现下压紧绷。也许有人会说，可能是领导此时心情不好，或者是领导晚上没有休息好。当然这种可能性也可能存在，但假若你是该下属，你会这么考虑吗？究竟此种表情后面隐藏着一种怎样的心理呢？我们不如凭借以下这些典型的场景来剖析和认识。

傍晚寂静的公园里，一对恋爱中的男女正在“人约黄昏后”。当看到男生穿着很随便时，女生便坐在长椅上默然无语，此时她的眉毛下压，并且紧绷着；期末考试成绩公布后，在家里也常能看到这样的情景：孩子放学回家后，家长在沙发上坐着，脸上也会出现这种表情。

这些场景告诉我们的是：眉毛下压并且紧绷，并不是之前我们所猜测的对方心情不好，或者是其晚上没有睡好，而是一种对现状不满的情绪表达。

当人脸上呈现这种眉毛下压且紧绷的表情时，说明行为主体内心正由于现实和理想间的差距而感到不满。他们潜意识里的对抗情绪使得他们没办法和现实融为一体，且内心之中试图改变这种现状。在社交活动中，假若对方出现了此种表情，那么无疑是在向我们说：“情况非常糟糕，我对你很不满意。”此种情绪包含着对你言行的不满，甚至是苛责。

当交流对象眉毛下压而且紧绷时，要及时表达你的歉意

眉毛下压而且紧绷，表达出的是一种不满与谴责。在此过程中，还会伴随着眉头紧锁或是眼神下移等表情。此时，对方对你的表现非常不满，内心充满了对你的苛责。本来内心中的期望值很高，而现实却很差，导致对方对你充满对抗的情绪。心理学家研究发现，不满及抗拒表情的出现，表明对方内心绝对不会妥协，而且正试图想改变目前的状况。

在社交活动中，假若发现你的合作对象眉毛下压而且紧绷，眼神处在游离状态，其内心可能是在告诉你：“我对你非常不满意，你为何不能做得更好一些呢?”往往在这个过程中，对方内心正在被失望的情绪所困扰，消极情绪在渐渐地增多；一旦到达顶点，随时就会爆发出来；一经爆发，肯定会对你们的交往造成一定程度的伤害。所以，当发现你的交流对象出现此种表情的时候，你不妨及时地向其询问原因，并就自己的考虑不周向对方表示歉意，使对方内心的不满与愤怒心情因为你的谦逊与坦诚而得到适度缓解，同时这样做也刚好迎合了对方内心期望改变现状的强烈心理。

这种不满的情绪假若不能及时得到疏导，那么就会对彼此间的关系造成严重的不良影响，甚至会影响你们之间的合作。因此，一经发现对方的脸上有了这种表情，你就应马上化解对方心中产生的不满与抗拒，从而避免“撕破脸”的现象发生。否则，这对你的社会交际来说可是个非常大的灾难。

当交流对象眉毛下压而且紧绷时，要迅速转换话题

假若这种眉毛下压而且紧绷的表情出现在和你正在交流的人的脸上，那么你就要明白，对方已对你非常不满意，你的表现与对方对你的期望相去甚远，你伤害了对方的情感和心灵，使对方感觉到非常痛苦。

此种情绪的出现无疑是在告诉我们：假若不采取措施，必然会遭遇一场狂风暴雨。所以，此时你要做的就是迅速转换交谈的话题，并且和对方保持适当的距离，及时排解对方内心不满与抗拒的情绪，避免因这种不良情绪的爆发给彼此带来伤害。此时你不妨谈些没有太多主观意见的话题，或是将表达权交到对方手里，让对方选择其感兴趣的话题。假若对方的情绪太过激动，不妨保持沉默，或选择闪人，另外再找时间来交流与沟通。

眉毛下压并且紧绷，表达的是一种对现状不满与抗拒的情绪。这样的表情在日常生活中非常常见，是对方因想象与现实之间相差甚远而出现了失望的情绪。明白了这一点，我们在和人相处与交流时，就要及时采取适当的措施，排解对方内心的这种抗拒情绪，让彼此的交往能够和谐发展。

【读脸术】 眉毛下压并且紧绷表达的是一种对现状的不满，是行为主体由于心理预期与现实间落差巨大而产生的一种失望情绪。故

而，在社交活动中，当从别人脸上看到了这种表情后，一定要采取适当的措施与方法加以疏导，如向对方及时解释、表达你的歉意等，以便使对方重新定位。当然，在此过程中，还需要配合一些适当的表情和动作一起进行，力图让对方改变其内心的不满情绪，为你们的继续交往做出努力。

眉毛动起来：我很靠谱，相当值得你信任

在社交活动中，我们经常发现，有的人的眉毛会扇动。这到底是怎么一回事呢？是对方习惯这样，还是暗示其有特殊的心理活动呢？为了了解此种表情后面的真实心理，我们不妨来看看以下几个典型的场景。

朋友聚会的时候，一位朋友为大家介绍了一位新的朋友，在场的其他人脸上都会出现这种眉毛扇动的表情；在家里也常能看到这样的情景：当爸爸在教儿子某种知识或者技能时，爸爸会重复地说同一句话，他的眉毛同时也会出现扇动的现象。

从以上情景中，我们容易看出，扇动眉毛其实并不是我们之前所猜测的特殊习惯。心理学家研究发现，这种表情传达出了一种友好的情感，或是在强调某句话或者某个意思。为了了解此种表情后面所隐藏着的情感与动机，我们不妨来看看以下的分析。

扇动眉毛是一种对他人友好的表达，或是主体在强调些什么。一般来说，人的面部出现此种表情，说明其正在积极寻找与对方进行目光接

触的机会，以期让别人更加相信自己。此种表情出现时，常常会伴随着行为主体的点头动作。总之，这不但是一种传达友好与信任的表情，还是一种坦诚地敞开心扉、接纳别人的姿态。

出现此种表情时，行为主体对别人没有任何戒备心理，希望能获得他人的信任与好感。在社交活动中，当对方的脸上出现这种眉毛扇动的表情时，多半是在告诉我们："我很靠谱，相当值得你信任。"在此过程中，行为主体内心充满了对他人的友好情感，且渴望能得到对方的重视与信赖。也正因如此，在这种表情出现的时候，主体会积极寻找与对方进行目光接触的机会，且伴有点头的动作。这一系列的表情动作能帮助行为主体向他人展示自己的坦诚与友善。

当和陌生人交流时，扇动眉毛能增强你的亲和力

扇动眉毛表达出一种友好的情感，它能在第一时间向对方表达出自己的肯定与接纳，双方因陌生而产生的紧张与不安会适当削弱。此种表情能使我们与陌生人之间的心理距离快速拉近，使对方感觉到被接纳和被欣赏，从而有了安全感和欣慰感。心理学家研究发现，这种扇动眉毛的表情很友善，没有任何的防御性与攻击性。

在和陌生人交流接触的时候，假若你发现对方内心非常紧张或是戒备心理很强，那么不妨将你的眉毛扇动起来，同时直视着对方的眼睛点点头。如此一来，会将你的友好与认可传达出去，使别人感受到你对他的喜欢，表明你愿意与对方进行沟通和交流。这种积极的暗示能让对方削减自己的防备心理而接纳你，这样一来你才能得到更多的朋友，你的人脉才会越来越广。

由此可见，扇动眉毛能增强你的亲和力，使你看上去和蔼可亲，没有一点防备之心，正在敞开自己的心门接纳别人。如此不仅能使你得到

别人的信赖及好感，并且会最大限度地荡涤你的心灵。当然，你也要注意与对方接触时的距离以及说话时的语气等。毕竟对方并不是你熟悉的人，为避免对方疏远你，记住不要给对方太大的心理压力。

当和熟人交流时，眉毛扇动能突出你表达的重心

假若此种表情出现在你认识的人的脸上，那么说明对方是在向你强调某句话或某个问题。对方目光与你碰触时希望能得到你的信赖，而向你点头是在暗示你应该信赖他。一般来说，此时对方的态度极为诚恳，也在渴望得到你的积极回应，从而使其期待的心得到些许的回应和安慰。

所以，在跟亲人和朋友聊天的时候，为了让对方重视你的谈话，你不妨直视对方的眼睛，让你的眉毛扇动起来，并且适当地点一下头。别人会因为你的表情而明白你在强调什么，会感受到你的坦诚以及认真的态度，从而考虑是否要采纳你的意见。当然，在此过程中，还需要你主动地去接触对方的身体（比如拍拍肩膀、长辈抚摸孩子的头等），使对方感受到你的鼓励及信赖。如此一来，你就会赢得亲人和朋友的欣赏和爱戴，从而处理好与身边人的情感关系。

扇动眉毛能让你的表达更加准确、更加到位，使你看上去更加成熟，也更有魅力。如此既能将自己的情感与态度表达出来，也能获得他人的尊重。当然也要注意这种动作使用的频率，假若太过频繁就不能达到相应的功效。

眉毛扇动表达的是友善的心态与强调的意愿。也许在日常生活中我们并没有去刻意模仿和学习，但是，不得不承认，这种表情对于社交关系的处理会有很多帮助：不仅能扩展人脉，而且有助于拉近自己和身边

亲人朋友心理间的距离。所以，在社交活动中，对于这类表情我们不妨多多加以利用，从而为自己的人脉铺就更加顺畅的道路。

【读脸术】 扇动眉毛表达的是一种友好的情绪与强调的态度，表明内心没有任何的戒备，并坦诚地表达自己的友善之情。所以，在社交活动中，我们不妨多利用这种表情去扩展人脉和处理人际关系。当然，在此过程中，还需要别的表情及动作、语言来协助一起完成。例如，坦诚地看着对方的眼睛进行目光交流、点头传达你表示肯定的暗示等。

眉头紧锁、嘴角下拉：我对你很不满意

在社交活动中，我们有时候会看到，眉头紧锁、嘴角下拉的表情会出现在别人的脸上。这到底是怎么一回事呢？是一种普通的表情还是有什么特殊的寓意呢？出现这种表情时，人的内心到底是什么样的一种感受呢？带着这一连串的疑问，我们一起来看看以下几个典型的场景。

在学校里，老师把没有按时完成作业的学生叫到教室外狠狠地批评了一顿，此时学生的脸上就会出现这种眉头紧锁、嘴角下拉的表情；某男生对自己心仪的女生穷追不舍，用情书和鲜花狂轰滥炸，当初对男生一点儿感觉没有而现在更是没有好感的女生对此很无奈，当着该男生的面将他送的花狠狠地扔在地上。此时该女生的脸上也会有这种表情出现。

从以上场景中我们很容易看出，眉头紧锁、嘴角下拉是一种厌恶情绪的表达。一般来说，当这种表情出现时，说明不满和压抑充斥着对方的内心。眉头紧锁表明其内心非常纠结、痛苦，嘴角下拉意味着对方对外界的兴趣不是太高、非常不满意。这种抵制情绪是潜意识里的对抗，它往往能将人与人之间的心理距离拉远，从而不利于交流和沟通。总体来说，这种表情，是一种反感、非常不喜欢的情绪传达，是一种压抑着的不满、愤怒，是一种抵制、对抗的姿态。

当有人出现这种表情时，说明周围的人伤害了对方的情感而使其产生了不满和厌烦，希望他人从自己面前赶快消失。

当发现上司眉头紧锁、嘴角下拉时，应及时向其致歉或表达决心

眉头紧锁、嘴角下拉表达的是一种厌恶的情绪。此时对方内心充满了不满与反感，以及对他人的谴责。原因是什么呢？这是因为他人的言语或行为没有达到他们内心中所期望的，所以才引起了其内心情绪的剧烈反应，导致对抗情绪充满其内心。心理学家研究发现，这种表情的出现说明对方内心失望及不满的情绪已达到了很深的程度，彼此之间已经没有可能再继续进行沟通了。

在职场中，假若你发现你的上司在面对你时眉头紧锁、嘴角下拉，那么不要怀疑，你最近的工作一定令上司非常不满，甚至说是极度失望。你作为一名下属，要明白这样一点：你非常糟糕的表现已经让上司不能再容忍了。假若这时候你为了给自己开脱而寻找各种借口的话，那么恐怕就很难再有挽回的余地。所以，这个时候，迅速果断地采取措施在上司面前“示弱”不失为一种明智之举。当然，态度一定要诚恳。如及时向上司道歉，并且请求上司再给一次机会，或者是向上司保证今后不会再出现这种情况。上司看到你谦虚和诚恳的态度，对你的厌恶情绪

可能会消减，这样就会有利于尴尬局面的扭转，避免其向更坏的方向发展。

当发现交谈对象眉头紧锁、嘴角下拉时，要赶快闭嘴，改日再说

假若和你交谈的对象脸上出现眉头紧锁、嘴角下拉的表情，那么就说明极强的抵制情绪这时候已在对方的内心产生，而且这种情绪在以非常快的速度增长。也许是你的话刺激了对方的敏感神经，也许是触及了对方的“雷区”。总而言之，是你给别人带来了痛苦。只要再继续听你说话，对方就会感觉很痛苦、极不舒服，这种反感和愤怒的情绪在迅速地积累、膨胀，一触即发。

很明显，这时候如果继续沟通和交流下去，只会增加对方心目中对你的反感和厌恶情绪，甚至有可能使对方情绪失控，从而给彼此间的关系或情感造成更大的伤害。鉴于此，不妨让你们之间的谈话果断停止，并迅速地离开，待对方恢复内心的平静后，你再慢慢地与其接近和沟通，以消除对方对你的成见。

眉头紧锁、嘴角下拉是对抗性很强的一种表情，在日常生活中，人的情感有消极波动时便会出现这种表情。明白了这一点，在与人交往时，如果见到对方出现这种表情，应迅速地采取措施，以化解对方内心的抗拒力，消除彼此间的误会和隔阂，从而使你们的关系更加健康地发展下去。

【读脸术】 眉头紧锁、嘴角下拉是一种因为对他人不满、失望而产生的激烈情绪，表达的是厌恶和反感。因此，在社交活动中，见到对方出现这种表情，一定要采取相应的措施和方法来化解这种对抗情绪。例如适度地保持沉默、及时从对方眼前消失等，以向对方“示弱”。

在这个过程中，还需要根据具体的情况，做一些化解彼此不满、进行良好互动的努力，以尽快地使对方的情绪平静下来。

眉毛稍稍上扬：难道你忘了？这到底是咋回事

在与人交往的过程中，我们会发现，人的眉毛有时候会轻微上扬。如一个员工上班时迟到了半个小时，上司问道：“公司规定几点上班?”上司在说这句话的时候，脸上就有了这种眉毛稍稍上扬的表情。也许你会认为这是上司很兴奋或者很生气的表现。如果我们根据下面的场景来分析和探讨一下，这个表情后面隐藏着的心理动机大概就会明了了。

在电影院门口，已等了很长时间的女孩对风风火火赶来的男孩说：“我们约好几点钟见面的?”假使你细致观察一下，就会发现女孩的眉毛此时轻轻上扬，并且眼神锐利。

对方眉毛稍稍上扬时，表明其在明知故问，一般来说，这个表情含有质问的意思，表明对方其实已非常了解情况，之所以有轻蔑和挑衅的味道，就是因为你违背了约定俗成的协议。

眉毛稍稍上扬是一种明知故问的情绪表达。一般来说，当一个人内心中有不满和埋怨时，脸上就会出现这种表情。因为别人的一些行为和做法违背了两人之间的约定，远远没有满足其内心的期待，从而使本人感情受到伤害。而本人很希望别人能够反思并做出道歉或者合理的解释，故而用这样的表情表达不满。总之，眉毛稍稍上扬传达的情绪是一种谴责和质问。这时候，主体实际上是在控制着内心的不满和不快的。

这种表情的出现，通常是以他人违背约定、伤害了主体的感情为前提的。当这种表情出现在脸上的时候，对方传达着这样的意思："你难道忘了？你难道一点都不感到羞愧？这到底是为什么？"这种质问和谴责的表情，表明主体内心对他人已产生了强烈的不满，希望他人尽快致歉和加以解释，以排解主体内心这种因为不满而产生的不愉快。假若这时他人装疯卖傻，或是敷衍塞责，势必会使主体的不满情绪更加强烈。

当发现别人眉毛稍稍上扬时，应该尽快反思并致歉

眉毛稍稍上扬表达的情绪是"明知故问"。此时，因他人食言或犯错而使行为主体内心产生了不满和愤怒，另外还有对他人的谴责。这种质问的表情传达着一种强烈的对抗与挑衅。心理学家研究发现，眉毛稍稍上扬的情绪其实并不是真的要和他人发生冲突，行为主体只是希望通过借助这种质问，在气势上压倒对方，来抚平因为被欺骗而使自己受到的心理伤害。这种情绪表达得越强烈，表明对方心理期待越高，受到的心理伤害越严重，越渴望得到别人的安慰。

因此，在社交活动中，假若这种眉毛稍稍上扬的表情出现在和你相处的人脸上，说明你违背了你们彼此间约定的协议，你对他人造成了伤害。对方的质问不但是在表达不满，还是在给你机会化解彼此间的误会和隔阂。所以，假若你想要重新获得对方的信任和认可，就一定不要装疯卖傻或想着瞒天过海。因为消极的做法只能令对方对你彻底失望，甚至采取过激的行为，从而给你们之间的交往设置灾难性的障碍。此时你要做的应是，尽快进行自我反省，并诚恳地向对方致歉，用你的真诚来排解对方内心的不满。你表达得越真诚，对方内心的谴责情绪会排解得越快。只有对方从内心深处原谅了你，并接受了你的道歉，你们的交往

才会正常地进行下去。

当发现他人眉毛稍稍上扬时，要找到合适的理由自圆其说

眉毛稍稍上扬既然意味着是“明知故问”，就说明此时对方对你所做的一切已经非常明了了。对方只是希望通过质问，让你能够反思进而致歉。假若你有正当的理由，能获得对方的理解与认同，那么对方内心的不快自然会消失得无影无踪。对方甚至会因为自己起初的怀疑和不理解而感到愧疚，你从而也会由被动变成主动，甚至该致歉的反而是对方了。

每天早上，秘书都是提前来到公司，将总经理的办公室打扫干净，做好当天总经理的行程安排。可是这天早上，秘书比平时整整晚了半个小时才风风火火地来到办公室，总经理眉毛稍稍上扬，望着秘书，并没有说话。秘书上气不接下气地道出实情：“我刚走到十字路口时，一个老大爷被车撞了，肇事车辆逃逸，老人家被我和周围的几个人送到了医院里，因而……”这时总经理脸上的表情发生了变化，原先的眉毛轻轻上扬消失了，他没再言语，只是对着秘书点了点头。

由此可见，在社交活动中，假若你发现这种表达埋怨和质问的表情出现在和你交往的人的脸上，而你确实有正当的理由自圆其说，那么不如大大方方地向对方合理地解释一下，让对方内心埋怨和谴责的情绪得到适当的排解，对方也会因对你的误解而产生愧疚的心理。此时，交流的主动权就被你掌握了。

【读脸术】　眉毛稍稍上扬是一种“明知故问”的情绪表达，是因为甲违背了彼此的约定而给乙造成了心理伤害，使乙内心产生了埋怨与谴责的情绪。所以，在社交活动中，一定要采取相应的措施和方法来

对这种对抗情绪进行化解，如及时的道歉或者做出合理的解释。假若理亏而且不善表达，那么不妨保持沉默。当然，请对方吃饭或是送对方礼物，也是不错的选择。不管怎样，目的只有一个，那就是与双方和好如初，关系更融洽。

眉毛向上紧拉：哎呀，可吓死我了

在社交活动中，我们很容易发现，有的人说话时眉毛开始向上紧拉。这到底是怎么一回事呢？有的人说，可能是此刻对方感觉不舒服或者是恶心想呕吐，也有的人认为是你说的话、做的事可能伤害了他人的感情。那么这种表情的出现究竟意味着怎样的一种心理呢？又有什么样的情绪隐藏在这种表情之后呢？或许我们看了以下的典型案例后，就会了解这种表情。

夜深人静的晚上，宿舍里的女生都在围着收音机听恐怖小说。当出现一些诡异情节的时候，女生个个瞪大了眼睛，此时，这种眉毛向上紧拉的表情就会出现在她们的脸上；上课铃声响过之后，有学生仍徘徊在教室门外，当老师突然出现在他面前时，该学生的脸上也会出现这种表情。

由此可见，眉毛向上紧拉并非表示身体不舒服、恶心呕吐，或者是甲说错了话伤害了乙的情感，其实是恐惧的潜意识在作祟。对方之所以神经高度紧张，是因为内心担心不好的事情会降临在自己的身上，其中有对抗和戒备的心理。

一般来说，当一个人的脸上出现这种表情时，说明对方接收到了外界的不安信息从而导致神经高度紧张，担心不好的情形会降临在自己身上。这时候，主体内心感到极不安全，他们因为神经紧张而使注意力高度集中，草木皆兵，随时准备着危险发生时进行应对。即便一个貌似平常的动作或者声音，也会令他们顿生紧张感。

在社交活动中，假若这种眉毛向上紧拉的表情出现在和你交谈的人脸上，那么多半是在告诉你：“我很害怕，因为你说的这些可怕的事情随时可能会降临在我的身上。”在此过程中，他们因为内心的担忧而加强了心理戒备，随时准备着做出反应以减少或避免可能受到的伤害。此时，对方因为情绪处在极度的紧张中，故而随时都有可能崩溃。

当发现别人眉毛向上紧拉时，要借助语言向对方传递安全感

出现眉毛向上紧拉的表情是因为潜意识里恐惧害怕所致。当对方脸上呈现这种表情时，表明其内心正处于不安和担忧中，他（她）会因为这种潜意识里的恐惧而极度缺乏安全感，害怕会受到攻击和伤害。此时，人的神经非常敏感，注意力高度集中，对方因这种强烈的恐惧和害怕而不断加强内心的戒备。在这种对抗情绪下，人会随时准备采取措施抵御外界对自己的伤害。心理学家研究发现，眉毛向上紧拉时，说明恐惧和担忧的情绪已经将主体内心牢牢地控制住，对方因恐惧而进入高度紧张的状态，具有很强的攻击性。

在社交活动中，假若这种眉毛向上紧拉的表情出现在和你相处的人脸上，那么说明对方的潜意识里在恐惧或是担忧着什么。对方的情绪会随时因为你所说的话、所做的事情而崩溃。此时，你要做的就是用言语向对方传递安全感，使对方相信自己不会受到伤害，是绝对安全的，以

此来削减他的恐惧与担忧，只有这样，你才能继续和对方进行积极沟通和交流。否则，你们之间的交流会因对方的戒备心理而不会取得好的进展，甚至还会出现更糟糕的状况。

王振和女朋友聊天的时候，谈起了他和前女友分手的原因：他对前女友背信弃义，抛弃了对方，却又跟踪对方，等等。这时候他一转头，发现女朋友睁大了双眼，眉毛向上紧拉，他马上意识到自己说错话了，从而让女友感到恐惧和不安。于是，他随即说道："那时候年少轻狂，对爱情的认识很不成熟，换作现在，我绝对不会那么做的。"在他的一再安抚下，女友逐渐恢复了平静。

当发现他人眉毛向上紧拉时，可以借助表情和动作缓解对方的紧张情绪

眉毛向上紧拉是一种恐惧和担忧的情绪表达。假若这种表情出现在和你相处的人的脸上，那么你应马上采取措施，借助表情和动作来缓解对方的不安情绪。例如，面带微笑，积极和对方的目光进行接触，同时点头表示友好，或者和对方保持一定的空间距离，不要随便用手和脚做怪动作，说话的语气要尽量柔和，时不时征求对方的意见和建议，等等。这样别人感觉到和你交往是绝对安全的，你才能和对方建立起信任彼此的关系，你们之间的交往也才能更加健康和稳定。

【读脸术】 眉毛向上紧拉的表情意味着主体潜意识里有恐惧和担忧，因为主体被别人的言语和动作冒犯到，故而出现了恐惧和害怕。因此，在社交活动中，一定要采取相应的措施和方法来化解这种对抗情绪，例如，及时的言语暗示，或者是用微笑的表情、询问的口气和及时的眼神交流来传达友好和安全的信息等。当然，假若能适当地自嘲一番，使对方充分感受到来自你的安全感，就可以缓解对方的恐惧和担忧。

眉毛半放低：这是什么意思

通常，眉毛能反映人们不同的心理情绪。假若把握不住这种情绪，就意味着不了解别人的心理，这样就会给彼此的交往带来一定影响。眉毛半放低的表情是在传达一种什么样的心绪呢？这种表情后面隐藏着什么秘密呢？是害羞，还是因为恐惧而缺乏安全感呢？要想了解这种表情，我们可以从以下经典案例中寻找答案。

老师滔滔不绝地讲着课，很多学生的脸上出现这种眉毛半放低的表情，伴随着这个表情，有的学生用手托着脸，眼神飘忽不定；在家里也能常常看到这样的情景：爸爸在给女儿绘声绘色地讲着故事，女儿认真倾听着，眉毛呈现半放低的状态，并不时地问：“爸爸，这是什么意思啊？”

由此可见，如果有人眉毛呈现半放低状态，并非是因为害羞所致，也不是因为恐惧而缺乏安全感，而是主体表达着内心的疑惑不解。一旦这种表情出现，说明或者对方对你的阐述不理解，或者是你的阐述和对方自我认知逻辑之间产生了冲突，使其产生了困惑。

一般来说，当主体出现这种表情，说明其不认可或者怀疑所接收到的信息，从而产生疑惑——这些信息与他们内心固有的认知和理解有着巨大差异，这些差异造成了其潜意识里的抵触情绪。此时，主体内心处于矛盾和纠结之中：究竟是别人的说辞正确，还是自己的认知正确呢？

人在这种情绪控制下是无法打开心扉接纳别人的，因为其无法说服自己。这种表情是一种怀疑和否定的心理情绪表达。

假若这种眉毛半放低的表情在和你交谈的人的脸上出现，那么不用怀疑，它是在告诉你："我不理解你所说的。"或者："我认为你说的不一定对。"在此过程中，他们往往因内心的疑虑和认知的盲区，而本能地产生抵触情绪。假若你不能消除这种疑虑和抵触的情绪，对方不但不能接受你，而且还会让对方产生自我否定的心理，至少不会像从前那样自信心爆棚。

当发现别人眉毛半放低时，要及时做出详细解释

当眉毛半放低的表情在一个人脸上出现时，表明对方的内心中存在着疑虑，此时，对方因接收到的外部信息和内心中固有的认知之间产生了分歧和错位，故而表现得不知所措。主体往往会因这种怀疑的态度而在潜意识里产生抵触情绪，但同时又渴望一探究竟。心理学家研究发现，眉毛半放低的表情是一种介于抵触与顺从之间的情绪，这种矛盾会一直延续到把内心的疑惑解开为止，因此意味着一种既害怕又渴望的姿态。

在社交活动中，假若你在别人的脸上发现了这种眉毛半放低的表情，那么你要明白：对方对你抱有疑虑，对你的信任也会因这种疑虑而减弱，尽管对方在认真听你所说的话，但是并没有完全认同。此时，你要做的就是赶快做出详尽合理的解释，以消除对方内心的疑虑，从而赢得对方绝对的信任，扫清彼此间进一步接触和交流的障碍。

晓芸和丈夫都是公务员，按理说两人的收入都很不错。好朋友齐艳因手头紧向他们借钱，他们一再说明其实很想帮忙，无奈家中确实没有余钱。此时齐艳没有说话，只是她的眉毛呈现出了半放低状态。晓芸看到后，解释说："我们俩的收入现在每个月加到一起有 5000 多元，但

是要还3000元的房贷，再加上孩子上学，不到月底其实就已经捉襟见肘了。”听了她的解释后，齐艳脸上先前的表情不见了。

当发现他人眉毛呈现半放低时，不妨询问对方并认真倾听

眉毛半放低是一种疑虑和困惑的情绪表达，表明你所告诉别人的信息和对方固有的认知之间存有一定差异。此时假若你不采取相应措施来解决对方内心困惑的话，那么你做再多的努力都于事无补。因此，你最好仔细地询问和认真地倾听，让对方表达出自己固有的想法。在询问的时候语气要柔和，眼睛注视着对方表现出你的坦诚，然后针对对方的疑惑，做出合理的解释，化解掉对方内心固有认知和你所传达信息之间的差距，以便于消除彼此之间的误会，从而赢得对方更多的信任。在此过程中，要处理好对方内心固有的“刻板效应”，不要随便否定，否则会增强对方内心的抵触，不利于你被对方接受。

眉毛半放低的表情在我们的生活中很常见，它反映出人们接收到信息之后产生的疑虑心理。明白了这一点之后，我们在与人交往时，应采取相应的措施，解开对方心中的疑惑，让别人感受到你是可以完全信赖的，如此你才能和对方建立更加健康的交往关系。

【读脸术】　　眉毛半放低是内心疑惑不解的一种表情，表明主体内心接收到的信息和已经固有的认知间产生了差异，故而心中出现困惑。因此，在社交活动中，一定要想办法将这种抵触情绪化解，如马上做出解释，或者是坦诚询问和耐心地倾听，关键时候还得适当地肯定对方。在此过程中，你也要配合一些别的表情和动作。

手放在眉骨附近：这下糗大了

在社交活动中，有时候我们会发现，有的人总是会将手放于眉骨附近。这是一种什么样的情绪表达呢？这种情绪后面到底是什么样的心理呢？也许你会说别人正在思考，也有可能是对方在倾听的时候为了表示坦诚而做的一些动作。真相到底如何？要想了解此表情后面的心理和情绪，我们不妨来看以下一些经典案例。

上课铃声响后，有一位同学被关在了教室门外。下课后，老师将他叫到办公室，听着老师的劝诫，该同学不由自主地将手放在了眉骨附近；清晨，父亲正在对夜不归宿的女儿动之以情、晓之以理地批评教育，女儿默默听着，不由自主地也将手放在了眉骨周围。

心理学家研究发现，手放在眉骨附近并非我们所猜测的正在思考，也不是什么真诚倾听，而是对方因为自己的错误行为，内心产生愧疚所表现出的一种羞愧心理的表达。它告诉我们："我已经认识到了自己的错误，我对自己的表现非常失望，我一定会改正的，请放心。"一般来说，这种动作和表情出现时，说明对方内心已经认识到了自己的错误，并因此而感到不好意思，在自我谴责中，又附带着改正的决心和希望别人给予谅解的请求。

对方的手之所以放在眉骨附近，是为了更好地遮掩自己的眼睛，隐藏自己的内心，避免更多的人发现自己的行为。这种动作和表情的效用就像人在害羞时会马上低头躲闪别人的眼神，或者是因为害羞而迅速逃离对方的视线。心理学家研究发现，这种动作和表情是一种示弱的心理表达，是一种没有任何抵触和防备的情绪，完全顺从他人。我们往往会因别人这种示弱的姿态和完全顺从的心理欣赏和肯定对方。

当发现别人把手放在眉骨附近时，你最好停止继续谴责

手放在眉骨附近是一种羞愧心理的表达。我们以错误的言语和行为伤害了他人，自己意识到之后就会感觉愧疚和悔恨。因此，在社交活动中，假若你和别人之间发生了误会和隔阂，经过一番倾心交谈后，当你发现对方有这种将手放在眉骨附近的动作和表情时，那么你要明白，对于自己的错误对方已经认识到了；同时这个动作还是一种示弱姿态，表明对方内心渴望求得你的原谅。此时你要这样做：在适当的时候把你的谴责和批评停下来。因为此时对方已经把心放到了最低点，你的谴责和批评已经达到了“治病救人”的目的。假如再继续这种谴责，对方背负的心理包袱越来越重，对方内心就可能产生反抗和抵触的情绪。因为你的过度谴责和批评让别人感觉受到了压迫和伤害，所谓“物极必反”说的就是这个道理。

其实，人的心理承受也是一个抛物线，当处于最低点的时候，你完全没有必要再没完没了地进行谴责和批评，因为对方已经完全顺从了你。此时你再继续对其谴责的话，很可能会引起别人内心的厌恶和抵触。一旦这种情况发生，双方的心理状态便可能会由谴责与顺从变成了压迫与对抗。这无异于令彼此之间的关系雪上加霜。请看下面的案例：

初中生张红因受言情剧的影响，早早地陷入了恋爱的纠结中，从而严重影响到了学习。老师知道后，以诚恳的规劝和细致的说教对她进行教育。一开始，张红坐在老师的办公桌前，手放在眉骨附近，表达反

省。但老师并没有读懂张红的这个表达羞愧和悔恨的动作，而是继续不停地对其批评教育。后来，张红不但没有接受老师的批评，而且变本加厉，和老师完全形成了对抗之势。

当发现对方将手放在眉骨附近时，你应适度地表达理解和关怀

在社交活动中，假若你发现别人因做错事而出现此类表达自我羞愧的动作及表情后，你应当马上停止继续谴责，并且还应适度表达你的理解和关怀。因为此时，对方因为悔恨和自责，情感非常脆弱，甚至处于濒临崩溃的边缘状态。而你的理解和关怀可以恰到好处地弥补对方的心理空白，你的理解能帮助对方重塑信心，你的关怀仿佛向对方的心张开了双臂，这样更能让对方感受到来自你的温暖，从而诚心实意地接受你的批评。

当发现这种动作和表情出现后，你要切记一点：对方已经认识到了自己的错误，并且正在求得你的原谅。此时，你要适时地表达出你的理解和关怀。不要一味地强调对错，或者冷漠地对待对方。对方会因你的全盘否定而引发内心的抵触，也会因你的冷漠而让内心无所适从，这样一来，彼此很有可能产生敌对心理，这会非常不利于人际关系的构建。

在我们的日常生活中，手放在眉骨附近的动作和表情很常见，它表现出人们在认识到错误之后的一种羞愧心理。明白了这一点之后，我们在与人接触和交往的过程中，就要采取相应的措施，好好对待这份愧疚之情，从而让别人信任你、接纳你，只有这样你才能和对方建立更加长远而稳定的人际关系。

【读脸术】 将手放在眉骨附近，表明对方对自己的错误已经认识到了，并且在以示弱的方式求得你的原谅。因此，在人际交往中，一

定要做出相应的策略，如迅速转换话题结束责备，再给予对方理解和关怀，关键时候还要拍拍对方的肩膀，或是为对方倒杯水等，再配合其他一些必要的表情和动作。

打破谎言　还原真相

三

顾盼神飞——暗藏玄机的“摇曳多姿”

眼睛是人体中极其重要的一个器官。“眼睛是心灵的窗户”，这句话千真万确。眼睛的每一微小的举动都能表达出人的情感，流露出一个人内心的真实想法。在社交活动中，许多人都善于利用这一点，凭借观察对方的眼睛来“窥探”其心理活动，这已成为人们在人际交往中了解对方最常用的方式之一。但假若你想掌握更多、更精准的信息，还必须学会更多的相关知识及观察技巧。现在，就让我们来看一下，在交谈时如何从对方的眼神与视线里看出他的真实目的。

眼神下移：唉，我肯定不行，一定会失败

从眼神中，能看清一个人内心的真实想法。如在面试中，许多面试者在进行自我介绍时，同面试官眼神一碰触，就会很快地将头低下。可能你会说，这是一种害羞心理的表达。但往更深层次说，这其实是一种不自信的表现，因为总觉得自己不够优秀，总害怕别人会看到自己的不足，故拒绝同别人进行眼神的交流。通过以下的典型场景，也许你会理解得更透彻些。

在大型的演讲比赛中，我们经常目睹到这样的事：当演讲者不慎讲错了话时，听众便开始在下面嘀咕甚至议论，演讲者的眼神于是开始下移，不敢再看下面的听众，害怕看到听众不满的情绪而影响自己的演讲；运动场上，一个曾经失败的运动员，在跑步枪声响起的前几分钟里，脸上也往往会不经意流露出这样的情绪。

由此可知，眼神下移暴露出了一个人内心的真实想法。它告诉我们，当事者很不自信，对自己充满了怀疑与顾虑。眼神下移表面上是拒绝与别人进行眼神交流，而实际上是不想让别人看清自己，因为害怕别人发现自己的不足与缺点。

眼神下移是一种对自己充满疑虑、极不自信的表情。往往有这种表情的人，内心较自卑，缺乏自我认同感，即便自己其实已相当优秀，但他们也并不相信自己。他们对自己的这种疑虑，通常会让他们对自己产

生很消极的心理暗示。他们在潜意识里认为自己是最差的，总是不如别人，进行着一贯的自我否定。在社交活动中，他们往往表现出唯唯诺诺的样子，没有主心骨，人云亦云，随大溜，非常容易被人驾驭、支配。

有这种表情的人，也往往对他人有较高的依赖性。因为总觉得别人比自己优秀，所以，他们总希望他人能帮助到自己。在交谈时，一个人的眼神开始下移，不外乎是在告诉我们：“我不行，一定会失败。”在此过程中，对方眼神下移，就是不想同别人的眼神发生碰触，以免别人看清自己。这种掩饰会让他有安全感。

在表达时，眼神下移能缓解紧张的情绪

眼神下移是掩饰不自信的表情，是担心自己表现不够好、担心自己的缺点与不足会被人看出从而表现出来的一种本能反应。由于不自信，而出现紧张、呼吸急促、心跳加快等现象。这种表情能马上躲避开别人的视线，在一定程度上保护了他们心中的秘密，心灵会获取些许安全感，紧张慌乱的情绪能得到一定缓解。心理学家分析认为，这种表情是人的内心感觉到不安全时的一种自我防卫。

和人交往时，当发现对方有这种表情时，那么就可以肯定地说，他不是一个特别优秀的人，他有许多缺点与毛病，且害怕被别人发现。这时，你不妨对他进行鼓励与赞美，他在你的赏识中会获得自信。同时，你也可以适度地“暴露”出自己的不足，让对方以为你也并不是十分优秀，甚至有些地方还不如他，从而拉近两人心与心的距离。这样，别人才会喜欢你，认同你，你的朋友也才会越来越多，人脉越来越广。

和有这样表情的人交往，要切记这一点，这是因为他们为了掩饰自己的不自信而产生的本能反应。他们非常自卑，且内心缺乏安全感。你不要表现得太过优秀，也不要太强势，否则对方会对你产生不满和嫉

妒，进而远离你。要多给他们话语权，多倾听他们的意见及建议，多赞美、鼓励他们，这样才会赢取他们的心。

在倾听时，眼神下移说明对方对话题不太感兴趣

假使这种表情在倾听者的脸上闪现，那就表明，对方对你说的话不太感兴趣，或是你的话让其很不高兴。可能是因为你的表达让对方感觉到了自卑，相比之下对方感到更加没有信心，与你相处压力很大。眼神下移是在向你暗示：对方听你说话非常不舒服，希望你能换个话题。一般来说，如果你能及时转换话题，那么就能让交谈的气氛融洽很多，后面也就会有很好的沟通与交流。

假使你与人交谈时，观察到对方的眼神开始下移，那么你要注意了，很可能是你表现得太过优秀，太过抢眼，或者是提到了对方的缺点和不足。这时你要及时转换话题，以缓解对方心中因为你表现得太过优秀或是涉及对方缺点而产生的自卑情绪。不妨谈一些两人都擅长或者是公共的话题，以引导对方多加以表达，让对方在你面前有优越感。这样一来，对方会觉得你通情达理、善解人意，从而对你心怀感激。

眼神下移的表情在我们的生活中很常见，它是人们由于自己的不自信而产生的伪装情绪。知道了这一点，我们在社交活动中，就要适时地改变一些策略与方法，以增强对方的自信，增加对方内心的安全感，同时，也能让对方的心情因跟你交谈而倍感愉悦，让对方喜欢同你交流。赠人玫瑰，手留余香，何乐而不为呢？

【读脸术】 眼神下移，是我们在和他人相处时常遇到的一种由于不自信而产生的伪装表情。因此，在社交活动中我们要注意，要适当改变方式方法，以增强别人内心的自信与优越感。如对别人多加鼓励、

点赞，故意无视对方不经意间暴露出的缺点和毛病等，这样，会让别人更加喜欢和你接触，你的社交之路才会越来越宽阔。

眼珠乱转：我读书少，你别欺骗或伤害我

一个人内心的真实情绪完全可以通过眼神流露出来。如当人进入一个完全陌生的环境，他就会东张西望；遇到突发事件后，眼珠会迅速地多方向转动等。也许这仅仅是出于人的本能反应，但却暴露了主体内心极度缺乏安全感的恐惧状态。在以下一些常见的场景中，或许你能对此有更加透彻的领悟。

在川流不息的人群中，很多人四处张望，希望能迅速找到自己熟悉的人，以避免陌生人伤害到自己，或是被陌生人伤害时无人帮助。在漆黑的夜里，假若突遇不熟悉的人搭话，主体的眼珠会快速转动，以判断对方对自己是否有威胁，并寻找可能的援助等。

由此可知，眼珠多方向迅速转动在我们的生活中是一种极常见的表情。它表现出主体内心的恐惧感，说明主体极度缺乏安全感——通过快速观察四周，以确定最大安全系数，并试图采取合适措施以使自己绝对安全。

一般情况下，经常有这种表情的人，说明其内心安全感严重地缺乏，对周围的人或事总是持有不信任的态度，当然也不会轻易相信他人。正是由于他们内心的恐惧，以及严重缺乏安全感，有这种表情的人

他们在潜意识里是自卑的，并有很强的防御心理。

在社交活动中，眼珠迅速多方向旋转，它的意思是："我不了解你，你可能会欺骗我、伤害我，所以我内心很害怕。"在此过程中，恐惧感将主体的心牢牢包裹起来，主体对他人的每一句话都仔细分析、判断，并与对方保持一定的距离，表面上能给人一种"距离产生美"的错觉，其实是害怕受到来自对方的伤害。这一类人往往希望通过熟悉周围的人与环境来获得相对的安全感，以排解内心的恐惧感。

第一次见面，眼珠迅速多方向旋转是希望能尽量多地获得信息

眼珠迅速多方向旋转是一种主体遇到危险刺激后的本能表情，表现出内心的惶恐不安。同时，这种表情也能使主体快速得到对方更多的信息，以判断自身可能面临的伤害到底有多大。一般情况下，眼珠转动的频率越高，说明恐惧感越强，安全感越弱。在本能的驱使下，主体会尽可能多地去获取对方的信息来了解对方，以增加自身的安全系数。心理学家分析认为，这种表情能让主体增加对别人的了解及判断，使主体的恐惧感在一定程度上获得适度的排解，从而让内心获得绝对的安全感。

假若跟你交往的人有了这样的表情，那么就可以肯定，对方的内心很慌乱，内心非常恐惧。那么，你此刻要做的就是用微笑的表情以及缓和的语气，来减缓对方内心的不安与恐惧，削弱对方的对抗情绪，使对方感觉到你很友善、不会威胁到他，这样有助于使对方敞开心扉，放下内心的恐惧，从而更好地沟通与交流。

跟有这样表情的人交往要明白：这只是因为对方内心恐惧而做出的本能反应。跟他们交往时，你要尽量友善一些，尽可能多地向他们展示你的友善信息，让他们明白你对他们是友善的、没有威胁的、值得信任的，你的存在会增加他们的安全系数。唯有如此，他们才会对你产生信

任，从而尽快敞开心扉。

在不熟悉的环境中，眼珠迅速多方向旋转是在找寻熟悉感

假若这种表情发生在一个刚进入不熟悉环境的人的脸上，那么说明其因为对环境的陌生内心有了一定的恐惧感。这一表情表明主体正迅速地在周围环境中找寻着熟悉感，以避免被人孤立，或受到伤害时无人照应。往往在这种情况下，即使对方是主体平时不喜欢的人，但因为是熟人，其也能感觉到特别亲切。

假若你发现有人脸上有这种表情，或是有人在不住地四处张望，那么你不妨走上前，主动和他们打招呼，以缓解对方内心的恐惧不安感。当然，此过程中要配合一些合适的动作或是别的表情，以给予对方绝对的安全提示，使对方心安。如与对方之间保持适当距离、采用询问的语气，或是说话的语调尽量要轻、眼神表现出真诚，等等。

对于这种眼珠迅速多方向旋转的表情，在我们的生活中非常容易遇见。它是人们第一次接触不熟悉的事物时，因恐惧而产生的本能反应。明白了这一点，我们在和人接触与交往中，不妨采取相应的措施，来减轻对方内心的不安因素，如此，你才能与对方实现更好的交流，并在此基础上更好更快地实现你的社会交往目的。

【读脸术】 我们要高度关注眼珠迅速多方向旋转的表情，因为它展现的是别人恐惧及不安的内心。在社交活动中，我们要注意多采取一些相应的措施来让对方感觉到安全。如尽可能多地说出你的相关信息、给对方留有相对安全的空间与距离，等等。这样或许会更容易让对方对你心生信任，因为这些表情与动作所表达出的意思是你想要给对方更多的安全感。

斜着眼睛看人：我瞧不上你，你不配

很多时候，我们不经意间会看到某人看人的时候他的眼珠会水平斜睨。这究竟是什么样的一种心理表达呢？或许你会说，对方的眼睛自身有问题，或者可能是对方无意间看“走”眼了。然而事实并非这样，这里有特殊的情绪表达蕴含其中。通过以下的经典案例，我们就会了解这个表情后面的深刻寓意。

夏日傍晚的公园里，一个穿着时尚的女孩正和男朋友亲密私语，并不时有亲昵的动作出现。恰在此时，女孩的前任男友不合时宜地出现在两人旁边。女孩很不高兴，斜睨了前任一眼，以表达自己对前任男友的蔑视与不屑；运动场上，获得冠军的运动员见了没得奖的运动员，眼珠水平斜睨了对方一眼，表现出自己的轻视和不尊重之意。

由此可知，眼珠水平斜睨在语言表达前就已暴露出主体内心对他人的轻视与不屑。由于内心充满了不满与憎恨，主体没有使用表达尊重的正视，而是用眼神余光轻微一视，来表达对方在自己心目中地位低下，不屑和对方进行正常的沟通交流。

眼珠水平斜睨是一种表达轻视与不尊重的表情。一般地，总是有这样表情的人说明其很自负，爱以自我为中心，不太会去关照理解别人的内心情感，因此也不会去赏识别人，周围的人际关系自然也不好。正因为他们有这种自大的情绪，使他们对周围人没有好感，而是内心充满敌意，对他人的戒备心理很强。

在社交活动中，眼珠水平斜睨传达着这样的意思：“我看不上你，你不配与我交往。”在此过程中，主体内心充满对他人的轻视与不屑，他们没有心思去赏识他人。也正因如此，人们对这些人自然也没有好感，敬而远之。实际上，他们的这种自负情绪源自于他们自身渴望得到别人的肯定，但因为得不到而内心空虚、情感脆弱，所以迁怒于周围的人。

当发现别人眼珠斜睨时，应及时赞美或者恭维

眼珠斜睨表达出的情绪是轻视与不屑一顾，它是在被人孤立及不被他人认可的情况下，为了获得内心的安全感所表现出来的一种表情。爱用眼珠斜睨的人常以自我为中心，看不起他人，自视清高，以此来填补其内心的空虚感。此种表情能迅速地造成主客双方心理位置的不平等，在一定程度上恰恰满足了爱用眼珠斜睨人的心理与情感需要。心理学家分析认为，这是人内心空虚、渴望被他人认可的情感需求，但由于无法满足而不得不故作镇定地伪装成这种情绪。

在社交活动中，假若你发现与你面对面交谈的人眼珠水平斜睨，你要认识到：对方这是在告诉你，他瞧不起你，觉得你不配和他交谈。这时，假使你“以眼还眼”，同样斜睨对方，并以轻视不屑之心相待，那么，你们之间的关系只会越来越恶化。相反，你若能做到以德报怨，在合适的时机恰当地向对方表达赞美或者恭维，满足其内心被认可、被肯定的需求，那么，对方就不会再看不起你，而是开始发自内心地喜欢、尊重你。这样，你用赞美与恭维化解了情感对抗，从而拉近了你们之间的心理距离。

和有这种情绪的人相处，你要切记一点：他们内心都很自以为是，这其实是缺乏自信心的表现。他们的自高自大恰恰表明了其内心的虚弱不堪。不要与他们争高低，要低调些、谦逊些，凡事让着他们些。如此，让他们满足于其“夜郎自大”的需求，从而获取他们的友情。

当别人脸上出现眼珠斜睨的表情时，要及时交付话语权

当和你交往的人的脸上出现眼珠斜睨的表情时，说明对方对你产生了不满的想法。这一表情说明其对你说的话非常反感，希望你赶快把嘴闭上，或是对方想要吹嘘抬高自己而得到你的认可。往往在这种情况下，假若你还旁若无人地说个没完，而不能意识到对方想要吹嘘抬高自己的想法，那就很容易激怒对方，最终搞得不欢而散，从而影响继续交往。

在社交活动中，假若你在对方的脸上发现了此种表情，那么一定要将话题快速地转到对方的身上，将话语权交给对方。以此来顺应对方，满足他们自我表达、渴望被认可的情感需要。当然，在此过程中你要耐心倾听，并配合一些其他的表情与动作来让对方感受到尊重和认同。如此，你才能赢得他们的心，和他们交上朋友。

眼珠水平斜睨的表情在我们周围极其常见。许多人常以自我为中心、自负自大而表现出对他人的轻视与不屑一顾。其实，这是他们内心空虚的表现，渴望被人肯定和认可。了解到这一点后，在与他们相处时，就不妨对症下药、给予引导，最终实现你对他们心理的“驾驭”，从而使你的人脉关系更加和谐。

【读脸术】 眼珠水平斜睨表达的是轻视与不屑，是一种很不友好与对抗的表情。因此，在社交活动中，我们一定要采取一些合适的策略和方法。如不要和有着这种表情的人争高低输赢，要顺应他们的心

理，多赞美多恭维。当然，你还要配合别的表情、动作以及适当的语言，才能收到更好的效果。

眼睛发亮：哈哈，这才是我的兴趣所在

瞳孔是眼睛的主要组成部分，它和眼神、眼球一样，不同的变化能反映出不同的心理状态。人的瞳孔会随着情绪的好坏而不断发生变化，假使对方对某人或者某事感兴趣，瞳孔就会变大，眼睛随之发亮；反之，如果对方生气、厌恶、心情消极，对方的瞳孔就会收缩得非常小；而假若对所看到的人和事漠不关心或不感兴趣，对方的瞳孔就没有什么大的变化。所以，从外观来看，眼睛发亮处正是主体之兴趣所在。在和人交流时，可根据对方瞳孔的变化来了解他们的内心。

著名导演斯坦尼斯拉夫斯基在拍摄影片时，就要求演员在表演时尽量将自己的动作姿势降低到最低程度，即尽可能地减少不必要的肢体动作，而完全通过眼睛来表现自己内心的喜怒哀乐。这里最关键的一点，就是利用了瞳孔和情绪间的关系。如在表演正面人物时，那双愤怒、仇视的眼睛，即是对敌人威逼利诱的一种无声鄙视；相反，表演奸佞小人时，瞳孔放大放亮，又能向观众展现出坏人受到诱惑时的亢奋和贪婪。

影视导演正是利用了这些特点，让我们感受到了其塑造的角色的真实性。在跟人交流时，我们也可以利用瞳孔的变化来辨识对方的内心想法。

戴尔·卡耐基曾这样说过："谈话时看着对方的眼睛是一种最基本的沟通技巧。"我们在跟他人交流时，对方的心理变化会通过眼睛全部呈现出来。假若你会一些观察技巧，通过对方瞳孔的变化就能读懂其内心，洞悉其心思。

商人可依据顾客瞳孔的大小进行索价，赌徒可依据庄家瞳孔的变化进行投注。瞳孔为什么和情绪有着这样大的关系？从生理学上分析，眼睛作为人的视觉器官，是生命机能异常灵敏的显示器，是大脑的延伸。眼睛能传神，是因为瞳孔的作用——是通过瞳孔的扩大与缩小、眼球的转动、眼皮的张合度以及目光凝视的时间长短来体现的。

经研究发现，瞳孔对人的思想情绪的刺激异常灵敏，这种灵敏程度达到了令人吃惊的地步。惹人厌恶的刺激会使人的瞳孔收缩；而令人高兴的刺激则会使瞳孔放大；恐慌或者兴奋激动时，瞳孔会扩大到平常的4倍。因此，瞳孔的变化为中枢神经系统活动的标志。

当看到对方眼睛里有亮光时，要趁热打铁寻求进一步沟通

在和人交流中，当看到对方眼睛盯着某一处看，而且眼睛里闪着光亮时，那就说明对方对此有兴趣，内心正处在兴奋激动状态。受到兴奋情绪的刺激，此时的瞳孔正处于扩展状态。当然这需要你仔细观察才会发现。

柳晴是一家广告公司的业务员。一次，她碰到了一位很"麻烦"的客户，在谈价格时，二人上演了一场"持久战"。这位客户一再要求降低价格，且言语中还很不客气，言外之意是"假使你不降低价格，我就有可能中止合作，另寻别的广告公司"。柳晴想：现在的广告业竞争这样激烈，决不能轻易放弃任何一个客户。于是她决定再和这位客户认真地谈一次。

在此次交谈中，柳晴拿出了具体的设计方案，并对一些关键处做了很详细的解释。在这一过程中，她发现这位客户在看方案时眼睛瞬间闪亮起来，目光一直跟随着她讲解的手势移动……柳晴断定，客户对这款设计方案还是很满意的。

柳晴心中有了底气，她明白客户一直往下压价的原因，只是想借此来尽可能多地争取交易的筹码，而并不是否定产品与服务质量。因此，她没有向客户做任何妥协，而是咬定青山不放松，“坚决不降价”。

当看到对方眼神很沉静时，要善于激发对方心中的热情

沉静的眼神说明对方情绪不高，缺乏热情，但并不是说完全不感兴趣，而是囿于心中的某些困惑而不能对你完全信任。因此，对方此时的瞳孔处于收缩状态，比平常要小。这说明对方是一个较淡定的人，其对你或谈论的话题不认可，且对存在的问题已看得相当清楚，但偏偏不径直表明自己的态度。即使你继续往下追问，对方也肯定不会轻易说出。这类人在交流中通常给人以神秘感，此时，就需要你激发对方的交流热情。其实，这种类型人的性格很随和，从其沉静的眼神中即可看出，对方总是面带微笑，尽管不认可但也很乐意听你谈话。此时，假使你多说几句恭维赞美的话，尽量讨对方欢喜，对方心理上就会得到巨大满足。然后你再转入正题，相信其会很容易接受。

【读脸术】　心理学研究表明，在社交活动中，人的瞳孔有很多变化，散和聚、动和静都有，瞳孔传递的信息占到全部信息量的一半以上，不同的形态代表着不同的心理活动。但是很遗憾，瞳孔的变化极其细微，大多数人并不能将其很好地、准确地把握。谈话中蕴藏着的微妙心理变化就在不经意间消失了，这也是许多人无法达成交流目的的主

因。眼神透露出来的信息就如同电波一样源源不断，只要仔细观察、善于辨识，就能体悟到对方的心理。

视线的变化：我心里的“波澜”你懂吗

除眼神外，视线也是观察一个人心理的主要依据。假使仔细观察，你会发现人和人交谈时，不只眼神变化多端，视线也有万般变化。通过某人的视线一样可以观察到对方的心理。在和人交流时，假使你不善于琢磨视线变化的意义，则不能在瞬间抓住对方的想法，从而不利于以后的交流。

要想掌握住对方的心理，你就要善于琢磨其视线变化，从而领悟对方的内心想法。

慕言是一名房地产推销员，他在这行有着丰富的经验。一次，他带一客户去看房，这位客户看完后，当即指出该房子的诸多缺点，一下罗列了好几个。虽然如此，但是慕言注意到这样一点：该客户在嫌弃这嫌弃那时，注意力很集中。他先是在室内看，后又转看窗外的景色，其视线从没离开过这个房子。慕言断定，该客户对这套房子还是很满意的，虽然其提出了很多意见，但可能是为了获取更多的谈判筹码。

想到此，慕言更加有信心了，他顺着客户的思路，将谈话重点转移到屋内建材质量及房子周围环境上来，以此来强化客户心中对房子美好一面的认同，最终达成了交易。

由此可见，视线能暴露出一个人内心的真实想法，在和人交流时，即使对方将内心的想法隐藏得很深，但只要仔细观察，其真实想法也会从其目光中不经意地表现出来。正如同美国杰出的销售顾问杰哈德·葛史汪德纳所说：“在一个长达30分钟的业务交流中，双方大约会交换800种非言语讯息。”而目光交流是判断对方内心想法的一个极其重要的线索，只要对方的视线没有离开过其所关注的东西，即使嘴上否定，对方也未必会真正地选择放弃。

假使你和对方是初次见面，而对方的视线却在你身上上下不住地打量，你会认为对方的行为很失礼。但其实，这是一种本能的动作。你尽可以从容大方些，给对方留下好的印象。

视线是一个人心理活动的流露途径，只要我们仔细观察，就不难发现这个“秘密”。或许当我们知道了这个“秘密”后，在为人处世方面能做得更好些，在以后的生活中也能少走些弯路。

当发现对方视线很专注时，你要主动去与之交谈

假使你和对方交谈，对方的眼神很专注，那就说明对方在很认真地听你讲话，对你的话非常感兴趣，而且一直在用心去理解。此时你要主动去和对方攀谈、积极地讲解，争取在对方情绪最高昂的时候打动对方。

退一步讲，即便对方已经否定了你的话，或者是拒绝了你的要求，但只要对方的视线还没有离开，就说明对方仍然对你有兴趣。就像上文那位客户一样，他之所以想购买却又选择否定这个房子，无非是想为自己争取到更多的筹码。实际上，在和人交谈时此种情况非常多，人们善于伪装自己，但这也正好说明对方是主动的。假使你认为人家是不想理会你，并因此有了成见，那么你就犯了很大的错误。因此，对于第一次见面就不集中视线与你谈话的对象，应当非常谨慎地对待。尤其是当对

方在听你认真讲话，却故意装出一副不屑一顾的样子以表示其不在乎时，你就更要注意对方的视线了。

当对方的视线到处移动时，你就要适可而止

你和对方交谈，假使对方视线不太集中，说明对方压根儿就不曾注意到你，或是对你的话不感兴趣。此种情况又可分为两个方面：一方面是对方实在不喜欢你讲的话题，另一方面是你讲的话题和对方毫无关系，对方也不需要在意你所说的是什么。此时，你就应适可而止了，如此，既不妨碍对方的工作，也不会令对方厌烦你。

对方的视线四处飘移，说明人家对你的发言毫不感兴趣，希望你最好能快点结束。但假使对方带着些许笑容，且目光不时地与你的视线相接触，那么则恰恰相反，表明他期待你继续谈下去。

当对方的视线移动较快时，说明其很不自信

假使对方的视线与你的视线一触碰就从你的身上转移开，则表明对方是一个性格很内向、不自信的人，或是其做了对不住你的事情，对你有所隐瞒。总之，你不要认为这是不礼貌的行为，相反，这正是对方对你的兴趣所在。

在男女的交往中，我们常能看到这样的一幕：男生在看到自己心仪的女生后，并不是睁大眼睛盯住女生不放，而是匆匆瞄了一眼后，随即将视线转到一边，故意装出毫不在乎的样子。而实际上，这种男生有很强的与女生交往的欲望，只是自己的理智战胜了情感，由理智而产生了自制行为，这是一种较理智的表现，当然其中或许也夹杂着一些自卑情绪。另外，行为学家亚宾·高曼研究发现，对异性瞄上一眼后闭上眼睛，即是一种“我相信你，不怕你”的体态语。因此，当某人看异性时，不

是看一眼后就将视线移开，而是闭上眼睛，然后再睁眼看一看……如此反复，就是尊敬和信赖的表现。尤其是当女生如此看男生的时候，男生有理由认为彼此有交往的可能。

【读脸术】 假使你想在初次谈话中就给对方留下好的印象，那么你就应该在对方说话时，视线专注一点儿，以表示你的自信和对对方的尊重。当然，也不要一味盯着对方的眼睛不放，那样会令人心生警觉或者厌恶。假若你在和对方讨论问题，你的眼神一定要专注，并且最好不要来回移动，这表明你的立场非常坚定，是不会轻易被人家说服的，从而提升你在对方心里的威信。

偷偷斜瞟：我对你很感兴趣

在社交活动中，我们发现有些人会时不时偷偷斜瞟别人，这究竟是怎么一回事呢？心理学家认为：这种现象说明，此人被对方深深地吸引住了，但又害怕与对方的目光触碰，从而泄露内心的秘密，可是又忍不住想要获得对方的信息而满足内心的愉悦。这在很多女生身上极其常见。我们不妨通过以下一些简单的场景来进行理解。

在大学生开学报到的广场上，我们常可以看到这样的情景：一些女生猛然发现自己身边的男生既高大又帅气，不由得醉了，胸口如揣个小兔般四处乱撞，她们与对方说话的时候便会低着头，恰似犹抱琵琶半遮面，偷偷斜瞟对方；在安静的图书馆里，也常有这样的情景：一些女生用书做掩饰，偷偷斜瞟坐在不远处的男生。

由此可知，偷偷地斜瞟说明主体内心很羞怯。它告诉我们，这是人们渴望能引起他人的兴趣、被人了解和喜欢，但又恐怕自己表现不佳而给人留下不好的印象的矛盾心理。之所以去偷偷地用眼睛斜瞟，正说明了其内心对对方的喜欢。

眼睛偷偷斜瞟说明一个人此刻的内心很羞怯。一般地，此时人的心情特别复杂，其潜意识里既希望别人能更多地关注自己，又害怕内心的秘密被人发现，不敢与他人进行目光触碰和交流。总之，这是一种欲敞开心扉、接纳别人的表情，但又有几分担心与害怕，充满了戒备。

在社交活动中，眼神偷偷斜瞟说明："我喜欢你，希望你也喜欢我，但我有缺点，担心被你发现。"在此过程中，内心的渴望及因为担忧而产生的恐惧感使他们往往不知怎么办才好。也正因如此，他们只能用眼神斜瞟来满足其喜悦与好奇的心理，但又害怕和别人目光碰触，担心他人发现自己的秘密。

当发现别人偷偷用眼神斜瞟时，要保持持续的热情

用眼神偷偷斜瞟是种羞怯的表情，是既想得到他人的注意但又担心自己不够完美、别人不喜欢而产生的戒备心理的自然流露。这种情绪在女性中特别常见，也能给她们的形象加分。心理学家认为，这是一种以退为进、欲擒故纵的社会交往表达方式。这种情绪里有顺从接纳的心态，但也有几分戒备，恰好能巧妙地抓住别人的心，引起别人的兴趣。

在社交活动中，假若你发现与你交谈的人在偷偷斜瞟你，你要知道：对方对你有兴趣，想要了解你。此时切记，你要对对方保持持续的热情，给对方以积极的心理暗示，满足其想要更多地了解你的心理。你

的热情会让其觉得你也很喜欢他、愿意了解他。这样有利于你们更好地沟通，从而建立良好的互动。

和有这种表情的人相处，切记一点：他们内心很渴望跟你交流，但又有些不自信，害怕给你留下坏的印象。因此，不要对他们太过冷漠，否则会使他们觉得你对其不感兴趣，从而给你们的交流带来障碍。

当观察到别人正偷偷斜瞟你时，不要一直盯着对方看

假若和你交往的人脸上出现了此种表情，那就说明他们内心之中充满了渴望及忧虑。对方正在小心地试探你、接近你，但也可能随时会关闭自己的心门。这份内心的忧虑会增加他们的不安全感。当然，他们也会从你的表情与动作中感悟到你对他们的“意思”。

因此，在交往当中，假若你发现对方正在偷偷地斜瞟你，那么千万不要大惊小怪，尤其不能用眼睛一直盯着对方看，而应该装作若无其事般，自然放松一些。这是因为，一旦你的言行举止受到影响，而表现得不够自然，则会让对方感到更不自在，他们可能会从你的言行当中这样解读：“我的秘密已被对方发现!”而这一解读会增加他们的忧虑，令他们更加感觉到不安全，进而对你产生极强的戒备心理。

别人正在用眼神偷偷斜瞟你，表明其正在观察你，以确定你是否喜欢他、是否能接纳他，同时也在逐渐增加其内心的安全感，慢慢地尝试着打开心扉。这时要切记一点，一定不要用矫情的言语与表情迎合他们。一旦让他们感觉到虚伪与不安全，他们就会拒绝跟你交往，也很难再次打开交流的心门。这对于你来说，很明显不是一件好事。

在社交活动中，用眼睛的余光偷偷斜瞟人的表情极其常见。它是人们在内心喜欢却又害怕受伤害的复杂心理下，对别人进行试探的一种表情，表明对方内心缺乏自信与安全感。明白了这个后，我们在和他人相

处时，不妨更坦诚一些，使对方感觉到你的友善，感觉到你对对方的赏识，以此来赢得对方的心，从而为你的社交关系锦上添花。

【读脸术】 用眼睛的余光偷偷斜瞟，是一种羞怯的表达。表明了对方既想了解而又害怕受伤害的复杂心理。因此，在社交活动中，可采取一些适当的措施与方法，使对方更加自信和有安全感。如要及时地赞美和欣赏他们，要面带微笑，说话语气要和缓，还要注意表达的方式方法等。当然，在此过程中，还需要另外一些恰当的动作、言语及表情来配合。

翻白眼：其中的“潜台词”你要仔细咂摸

在社交活动中，我们会留意到，有时别人会时不时地翻白眼，这究竟代表着什么样的一种心理呢？难道是对方的眼睛感到疲惫不适？抑或是表达厌烦？心理学家研究发现，翻白眼的表情在现实生活中并不是仅对应一种解读，而是有两种完全不同的意思：一种是轻蔑，另一种是撒娇。当然，翻白眼具体代表着什么样的心理，还需要结合具体的人物和情境来分析。为了更好地理解这种表情，我们不妨看一看以下的场景。

刚吵完架的两个人再次相遇，两人都不约而同地会出现翻白眼的表情，同时还可能会有“扭头就走”或者“掉转脸庞不去看对方”的动作。在一些公园的僻静角落里，我们也常能看到这样一幕：男生和女生卿卿我我，互诉衷肠，女生时不时娇嗔地翻着白眼，男生却高兴地抱住女生索吻。

通过以上场景，我们很容易发现，翻白眼表达的情绪或者是一种轻蔑、不屑一顾，或者是向对方示爱。所不同的是，表达轻蔑时，视线会迅速地从对方身上转移，而在表达撒娇时，眼神还会回来与对方进行目光接触，以确定是不是起到了效果。

翻白眼是一种极其有趣的表情。传达者所表达的有可能是蔑视别人，也有可能是在告诉对方：“我盼望得到你的关注和喜爱。”第二种心理表现常较多地反映在女孩身上，翻译出来就是“我非常喜欢你”。一般来说，前者是一种极强的对抗心理，潜意识里对人有很强的攻击性。后者则正好相反，是一种相互吸引、拉近心理距离的顺从心理。

出现翻白眼的表情，假使视线迅速从对方身上转移，往往对抗性极强，希望用翻白眼让他人明白自己的不满与反感，或是有意对他人的情感造成伤害。它多半是在告诉对方：“我非常厌烦你，不要让我再看到你，赶快从我眼前消失!”在此过程中，主体内心充满了极度厌恶与憎恨的情绪。而如果眼神重新回到对方身上，并与之进行眼神碰撞、交流，那么就意味着希望通过这种微表情来传情达意，希望引起对方的关怀与爱。在此过程中，主体内心充满了温暖和爱。

当发现别人翻白眼时，要迅速调整策略或暂时躲避

在社交活动中，假若看到别人对自己翻白眼，且通过进一步观察发现对方传达的是轻蔑、歧视的对抗情绪，那么就要明白：对方出现这种情绪，说明你在什么地方有了不当的表现，从而使对方从内心里瞧不起你，觉得你不配与其交流相处。一般地，人在出现这种表情时，是希望尽快与你划清界限、尽快不再看到你。心理学家认为，这是一种以高姿态来拒绝对方的表情。借助一个眼神，将自己内心的轻视与不满传递出

去，使别人感觉到主体的厌恶心情。

假若你发现与你相处的人在翻白眼，那么你要明白：对方对你很轻视，不想再与你继续交流相处。此时，你要做的就是果断调整策略，以尽快化解掉对方心中的这种厌恶与轻视的情绪。假若对方情绪表达强烈，可以暂时回避，以免加剧这种蔑视的情绪，日后有机会再做解释与弥补。如此，则能避免因别人对你的厌恶情绪加剧而将日后化解误会的路彻底堵死。和有这种表情的人交流，你要切记：他们内心已经因为你的一些表现而憎恶你，不打算再与你交流、沟通。这种对抗情绪非常强烈，短时间内对方不会改变对你的看法。假若你强行解释，不但得不到相应的效果，反而还会让对方觉得你不尊重他。所以，不要勉强别人听你解释，暂且回避才是明智的。

当情侣间看到对方翻白眼时，要及时表达出爱与关怀

假若这种表情出现在情侣间，尤其是出现在女生脸上，那就说明她心中充满了对你的爱，且渴望得到你的关怀与爱。她正在告诉你，她非常喜欢你。这种喜欢往往会伴随着一句“讨厌”而传达出来。当然，她也期望从你的表情与动作中获得内心的满足。

因此，在相处中，假若发现对方在对你翻白眼，一定不要认为她是真的讨厌你、蔑视你——尽管女生嘴里说着“讨厌”。这个表情其实是想告诉你：“我喜欢你，想要你时刻陪伴在我左右，并且想要从你的眼神中得到回应。”这时，你要做的是给对方一个深情的拥抱，或是说些甜言蜜语、海誓山盟。

在恋人当中，翻白眼的表情极多见，尤其是女生。它是女孩内心对喜欢与欣赏的表达，她渴望和期盼着你的回应——在这个表情发生后，女生的眼神还会回到你的身上。了解到这个心理之后，我们在恋爱时，

不妨及时回应对方，让女孩感受到你的关怀和爱，以此来给你们的爱情营造更为幸福甜蜜的氛围。

【读脸术】 翻白眼表达的是轻蔑或者撒娇。前者表明对方对你有成见，后者则是表达恋人对你的爱意。因此，在交往中要采取一些适当的措施与方法，让彼此能更好地进行交流和互动。如在感觉到别人蔑视自己时，要及时致歉，同时还要调整社交的策略，等等；对于后者，则要及时回应，以让爱人尽快感受到你的爱，当然，在此过程中，还需要一些别的动作、语言和表情来共同配合。

眼神躲躲闪闪：你说的话是真的还是假的

眼神爱躲闪的人，说明其内心很脆弱，很害怕受到伤害。例如，在接受到男生的表白后，有些女生会出现眼神躲闪，拒绝同对方进行目光碰触的情况。这时，你可能会这样想，这是女生害羞、矜持的表现。也许你的想法正确，多少有这样一点原因，但这并非主要原因。她们之所以如此，更多的乃是因为害怕受到伤害。借助以下的电影场景，也许我们能理解得更加透彻。

电影《大话西游》里有这样一个镜头：盘丝大仙向至尊宝说出自己的身世真相后，至尊宝受到了非常大的打击。后来，虽然盘丝大仙一再向他解释，但至尊宝还是眼神躲闪，不再信任她，并做出了一个自我保护的动作。

至尊宝这个眼神躲闪的镜头表达的并非害羞与矜持，其实传达的是内心的恐惧，担心自己受到伤害。一般来说，这种表情说明的是对别人的怀疑以及不信任，担心因被人欺骗而使自己受到伤害。

眼神躲闪是一种内敛的表情，有此表情的人一般生性多疑，不会轻易地信任别人。他们的情感比较脆弱，但内心很善良。这种表情在潜意识里是缺乏安全感从而进行自我防备的体现，表达的情绪是拒绝。

眼神爱躲闪的人一般对别人缺乏信任，这需要通过进一步的接触来证实别人是否真诚、所讲的话是否真实，以提高内心的安全感。在没有得到证实前，他们一般不会轻易消除内心的拒绝以及对抗情绪。一个人在同人交流时出现这种表情，通常情况下是在说："你说的话是真的还是假的?"在此过程中，即使他的内心已经在认可和接纳对方，但也还保持着相当的警惕，希望能够从对方身上获得更多可信的信息。

在交流时，当发现别人出现眼神躲闪时，要想办法增加自己的可信度

眼神躲闪是一种害怕受到伤害的表情。出现这种表情时，说明对方对你说的话不是十分相信：既想相信你，但又害怕因为信了你的谎言而让自己受到伤害。这种多疑而担忧的情绪表明对方内心敏感且脆弱。一般来说，当人在出现这种表情时，并不是真的不相信对方，而是想通过进一步的接触及了解来求证对方是否可信。心理学家认为，这是一种内心严重缺乏安全感时的自我防卫，人们希望通过怀疑及进一步的证实来降低自身受到伤害的风险指数。

当你发现同你交流的人眼神在躲闪时，你要明白：这是对方对你说的话存在疑虑，担心你在说假话欺骗他；不过实际上，这时候对方内心也已经在渐渐接受你、认可你。这时，你要做的就是让自己更加真诚些，削弱甚至消除对方内心这种因为害怕受到伤害而产生的防备心理。切记这样一点：不要试图掩饰或者转换话题，这样会让对方内心的疑虑加剧。

同有这样表情的人相处时，你要明白：其实他们内心并非讨厌你，而只是对你说的话存在疑虑，害怕自己受到伤害，希望能通过进一步接触及了解增加内心的安全系数。所以，言语间的坦诚或者主动向对方说一些不为人知的细节等，都能在一定程度上增强你的可信度。

在表白时，当看到对方出现眼神躲闪时，不要选择放弃而是要继续坚持

当你在表白时，观察到对方脸上有了眼神躲闪的表情——尤其是在女生的脸上出现，这并非对方在拒绝你，而是希望能更多地了解你，以确定你并非在花言巧语地欺骗她。这种表情告诉我们的是：“我有些不相信你，你说的是真的还是假的?”而实际的情况是，尽管女生没有马上答应你，但她在心里已经在渐渐认可你了。

因此，在表白时，当观察到女生的眼神躲闪时，千万不要认为她在讨厌你、拒绝你——尽管女生啥话也没说，或嘴上说不同意。你要明白，女生并非不喜欢你，而是心有疑虑，担心自己受到伤害。既然有此种顾虑，则说明她在考虑你，准备给你机会。这时，你要用实际行动来表明你并非随便说说，并非在对她实施欺骗，而是在真心对待她。

眼神躲闪的表情是女生担心受欺骗、受伤害的一种情绪反应。她们内心缺乏安全感，需要继续了解你，以确定你所表述的是否属实，以减少自己受伤害的程度及概率。实际的情况是，这时女生的心里已经在渐渐接受、认可你，否则的话，她们也不会有此担心。所以，在这种情况下，你不要对她们在言语或情感上忽冷忽热，也不要就这样放弃，否

则，你会让她感觉到你是在玩弄、欺骗她的感情。

【读脸术】 眼神躲闪，是一种害怕受伤害的情绪反应，说明对方存在既想相信你，又担心你在欺骗他的矛盾心理。因此，在相处中要采取一些妥善的措施与方法，从而增加对方的安全感。例如，态度真诚些，说话语气坚定些，如果能列举出一些让别人信服的事例自然更好。这些能让别人感受到你的真实可信，从而打开心扉接纳你。当然，在此过程中，不要做些不必要的小动作或者怪表情，以免增加别人心中的疑虑。

挤眼睛：哥们儿，快帮我说话圆场子啊

很多时候人都有向别人挤眼睛的习惯。这究竟是种什么样的心理情绪呢？也许，你会说这是在向别人“放电”，还有可能是眼睛不太舒服。而事实上并非这样，挤眼睛有特殊的含义。朝对方挤眼睛表达的是一种默契。要想了解这个表情后面的深刻寓意，不妨看些经典的案例。

在有孩子的家庭里，我们常会看到这样的事：一个孩子不慎打碎了一个花瓶或者一个碗，当家长问起时，打碎花瓶或碗的孩子会使劲儿向另外一个孩子挤眼睛，结果两人谁也没说花瓶是谁打碎的，家长无奈，只好作罢；在朋友交往中也常能看到这样一幕：老公昨天回家晚了，次日，老婆见了老公的朋友便会询问昨天晚上两人是否在一起，这时丈夫

便使劲儿朝朋友挤眼睛，朋友心领神会，于是撒谎说“是啊，是在一起”。

由此可见，挤眼睛传达的是一种只有两个人才能理解的默契。这种默契是通过眼睛的“挤”而快速建立起来的。传达的也许是希望对方能为自己保守秘密，也许是渴望别人能编个莫须有的谎言给自己圆场子，以使自己快速脱困，说白了也是在为自己保守秘密。

挤眼睛是一种向第三方传达的表情，说明对方的一些秘密不想被别人知道，但又担心知晓内情的你会泄露出去，所以想迅速同你达成默契。通常这时，对方担心和害怕你泄露秘密，潜意识里希望你能为他保守秘密。总之，这是一种想同你建立默契来戒备他人的表情。

在人际交往中，挤眼睛表达的是：“我的秘密不希望被他人知道。”在此过程中，他们因为担忧和害怕，所以将保守秘密的希望寄托在第三方的身上。正因这样，他们挤眼睛向你暗示：“哥们儿，把你的嘴巴闭紧，不要泄露我的秘密。”或者是：“快想办法帮我圆场子，我现在很被动。”

在交流中，当发现别人冲他人挤眼睛时，要迅速转移话题

挤眼睛是一种想与第三方之间快速建立默契的表情。出现这种表情时，对方内心会有很多担忧，害怕自己的秘密被他人知道，担心知道他太多秘密的人因为泄密而伤害到他。一般地，当人在向他人表现出这种表情的时候，他内心里对你是很戒备的，希望第三方能为他保守秘密。心理学家认为，这是一种对你严重缺乏信任从而制造“场合”来孤立你的表情。

在人际交往中，当你发现同你交流的人朝在场的第三方挤眼睛时，那么你要明白：对方对你缺乏信任，他在说谎话欺骗你，同时对方也希

望第三方能为他保守秘密。此时，你要做的就是快速转换话题，为对方留有一定的私人空间，不要打破砂锅问到底，让对方感受到你是不具有威胁性的。不要试图知晓对方的这个秘密，即便你明白对方在说谎。对方既然想隐瞒你，那就说明他对你缺乏足够的信任，假如你一定要寻根究底地问明白，那么，对方内心的不安全感因此会增加，对你的戒备和对抗心理也会随之变强。

与有这样表情的人相处时，你要明白这样一点：对方心里对你并不信任，他担心你会伤害到他，因此一定要快速地转换话题。不妨让对方逐渐对你增加了解及信任，同时弱化对方对你的戒备，时间一长，你同对方的交流和沟通可能就会越来越好。

在看到他人向你挤眼睛时，要紧闭你的嘴巴或帮对方解围

假如你是作为第三方突然发现主体脸上出现了这种表情，这说明对方希望同你建立默契，让你保守秘密，或是希望你能帮他解围。这种表情告诉我们："不要把你所知道的我的秘密泄露出去。"或是："快想办法帮我脱困。"在此过程中，对方将所有的希望都寄托在你身上，表现出了对你的极度信任。通常情况下，这种表情会出现在同你关系比较好的人的脸上。

在同人相处的过程中，假如发现别人冲你挤眼睛，说明对方同你之间有相同的秘密，对你寄予了很高的期望。这时，你要做的就是紧闭嘴巴，不要说出对方的秘密，并且，还要迅速编造善意的谎言为对方"圆场子"，从而帮助对方脱离尴尬。

例如：你的一个好朋友带着他的女友请你吃饭，你突然想起对方曾带着他的前任女友也在这个地方同你一起吃过饭，这时你一高兴竟脱口而出："记得上次你和王……"这时朋友使劲儿地冲你挤眼睛，你马上

反应过来，赶紧转换话题：“这鱼真好吃！”假如这个女孩很敏感，对你刚才的话已有所怀疑，追问：“和谁啊？”这时你就不得不编谎说：“和王勇，我们小时候一起玩的哥们儿。”

由此可见，当别人向你挤眼睛时，意思就是想通过你的嘴让他暂时获得绝对的安全感，这时对方内心中对你有绝对的信任，甚至没有一丁点儿的疑虑。你要领会对方这个眼神的意思，保护并帮助他，如此才能让你们之间的关系更紧密，否则，你就辜负了别人对你的信任及重托，从而为你的人际关系设置障碍。

【读脸术】　向对方挤眼睛，表达的是一种默契。这种默契在三个人中的两人间产生，假如你是第三方，说明别人对你非常信任；假如你是默契之外被排除掉的那个人，就说明他人对你非常缺乏信任。因此，你要根据具体的情况做出具体的反应。在相处中，要采取一些相应的措施及方法，来拓展自己的人脉。例如，对于前者，你要积极行动起来，在保守共同秘密的前提下，为他人及时圆场，帮助对方脱困，从而满足对方的心理期待。假如是后者，你就要装糊涂，不要太聪明，以给他人留有相当的安全感和“面子”，从而使自己的人际交往更加顺利地发展。

瞳孔放大：我内心的情绪在慢慢集结

人在遭遇害怕、愤怒与兴奋等激烈情绪的时候，身体的血液运动会迅速加快，心跳也会随之加快，这种内心情绪的激烈变化，在眼睛中亦会有所反映。你会发现人的眼睛在这时会跟平时不一样。那么究竟有哪些不一样呢?

在闹市中我们常可以看到这样一幕：一个妈妈带着孩子逛街，走着走着孩子突然不见了，妈妈开始惊慌失措地四处寻找。此时妈妈的眼睛会睁得特别大。

在家里也常发生这样的事：爸爸妈妈开始吵架时，眼神会变得非常锐利，好像利刃一样，使人望而生畏。

上例中的母亲，她的眼神之所以会这样，是因为她的内心遭遇了恐惧与愤怒，反映在她的眼睛中，就是瞳孔迅速扩大，再加上紧绷的面部肌肉，使她的眼睛看起来和平时不一样。

瞳孔迅速扩张说明对方内心的情绪变化异常激烈，例如害怕、愤怒与兴奋等。往往这时候，人身体的正常机能运动会迅速加快，且有想要表达的欲望。内心的这种复杂情绪会使人的神经马上变得敏感，总之，此时人处于亢奋状态，一旦遇到外界的刺激，他们会迅速做出反应，以此来宣泄自己的情绪。

在社交活动中，瞳孔不断地放大，是在告诉你：“我的情绪在慢慢地集结……”在此过程中，因为内心情绪的变化，会带来血液循环加快，心跳加快，呼吸也随之加快。他们急需表达自己，以释放这种情绪，但又被大脑的理性所控制，害怕会给他人造成伤害。

当对方因恐惧瞳孔变大时，需要你给其绝对的安全感

人在害怕时，内心极其缺乏安全感，担心别人会伤害到自己，心中会产生极度的抗拒与防备。瞳孔越大，表明这种抗拒越强。这种表情是在告诉你：“假使你敢伤害我，我一定会奋起反抗。”以此来使内心获得适度的安全感。心理学家分析认为，此时对方的抗拒与戒备心理是最强烈的。

在和人交往时，假若你发现对方的瞳孔开始不断放大，那么你要了解：对方内心对你的戒备与抗拒在不断增强，其内心的不安全感在不断增强。此时，你要反省自己是不是什么话说得不合适了，或是哪个动作做得过头了，使对方产生了误会。在说话语气上要尽可能缓和，与对方的距离要保持适度，稳定对方的恐惧心理，给他们绝对的安全感，避免对方情绪迸发，为你们的关系制造麻烦。

当对方因愤怒瞳孔放大时，需要你及时向对方示弱

人在愤怒时，内心的反抗情绪已集结到最高点，其抗拒情绪非常激烈，随时都有“山崩地裂”的可能。瞳孔越大，说明其内心的愤怒越强烈，而一旦爆发，造成的伤害也会越大。对方瞳孔极度扩张，意思是：“我非常生气，不要再惹我，否则我会伤害你。”

在社交活动中，假若你发现对方瞳孔扩张得非常大，且呼吸急促，那么此时你要明白：对方内心很愤怒，已达到了忍无可忍的地步。此时你要在言语上尽量温和，不要再激怒对方，要让对方感觉到你没有攻击性。此种愤怒找不到发泄点，自然就会渐渐平息下去。缓和气氛的措施还包括：肯定与认同对方、迅速转换话题及面带笑容表达你的友善，等等。如此，则能避免你和对方之间为争高低输赢而成为敌人。

当对方因兴奋瞳孔放大时，需要你积极引导其来表达

兴奋也会使瞳孔放大，表明对方内心的情绪“堆积”得同样也是很高。只不过此种情绪是没有戒备和对抗情绪的，而是在传达友善、拉近彼此的距离。瞳孔越大，说明对方内心的情绪堆积越高，越希望能拉近与你的距离。此种状态下，瞳孔扩张是在告诉你：“我非常高兴，希望能与你分享。”假若此种情绪不能得到释放，则只会增加对方内心的痛苦。

在社交活动中，假若发现对方的瞳孔放大，且眼中闪着光亮，那么你要明白：对方现在很高兴，且迫切希望和你分享。此时你要做的就是积极引导对方，让其表达，当然你需要保持适度沉默，将话语权交给对方，做个认真的倾听者，让对方内心聚集的兴奋情绪得到适度释放。你还需要表现出同样的兴奋，否则对方会觉得你对其不友善。如此，你才能交到更多的朋友，你的人脉网络也才会得到最大限度的扩展。

这种瞳孔放大的表情，我们在生活中极其常见。通常人在此时处于兴奋的状态，一旦遭遇外界刺激，内心堆积的情绪会迅速释放。在社交活动中，要根据具体场合、对方的表情以及眼神等来做出分析判断，并给予适当的弱化与引导，使其积极的情绪得到宣泄、消极的情绪得到释放，从而使你获得对方的认同，使你的社交活动更加健康地发展。

【读脸术】 瞳孔放大可以表达多种情绪，包括害怕、愤怒与兴奋。此种状态下，人的情绪“堆积”得很高。要根据不同的状态，让对

方感觉到你的友善从而信任你。如在别人恐惧与愤怒时，要面带笑容，不要乱动手脚，以避免让对方产生你要攻击他的误会。在对方很兴奋时，则要认真倾听，认可并接纳对方的表达。

打破谎言　还原真相

四

鼻观心——这其中的弯弯绕你都懂吗

鼻子在所有的面部器官中，所呈现出的表情是最少的，而且最不容易被人发觉。所以，鼻子并非我们借以观察对方内心的主要一员。但鼻子的确能提供一定性格特质的线索——特别是有些人挖空心思掩饰的那些特质，我们可以借助任何微小的表情变化捕捉到信息，所以我们仍不能忽视鼻子这一部位的表情。在交流过程中，鼻子的微妙变化往往会将一个人的心理活动在不经意间流露出来。因此，我们要学会通过看人的鼻子来洞悉其心理活动。

鼻尖上布满汗珠：我……我叫不紧张……

考试马上要开始了，一些学生的鼻子上明显渗出了汗液；在演讲比赛中，一些演讲者因经验不够丰富导致鼻子上的汗液迅速增多，并伴随着急促的呼吸；在运动场上，我们也常常能看到这样的情景：枪声还没响起呢，汗珠已经布满某些运动员的鼻子。

通过以上的几个场景，我们知道了，人的鼻子上开始出现较多的汗液，表示紧张和焦虑的状态正在困扰着对方，并且随着这种心理状态的加剧，汗液会越来越多。因此，假若你看到对方鼻子上有汗珠，就可以结合着其他信息来判断对方是不是处于紧张焦虑的心理状态。

为什么会这样？这到底是怎样一回事呢？其实是这样的，身体的血液循环因紧张和焦虑的情绪迅速加快，从而使心跳的频率迅速增加。一般来说，这种表情出现在人的脸上的时候，说明行为主体内心非常不自信，害怕自己会失败。对方因这种担忧和恐惧不断对自己进行消极的心理暗示，使自己内心的自我肯定变得越来越弱。心理学家研究发现，当一个人鼻子上出现汗液时，说明此时主体的精神和意志较脆弱，内心对他人几乎没有防御，是完全顺从和接纳的一种姿态。

在社交活动中，假若你发现别人的鼻子上开始有汗液出现，那么该信号多半是在告诉我们："我不行，肯定会失败，该怎么办？"在此过程中，行为主体内心极度焦虑紧张，担心自己失败后情感上会受挫，故此内心慌乱，不知所措。但在自我否定当中，行为主体又抱着些许的侥幸心理，希望能出现奇迹，以使自己足够优秀和强大。主体很容易因这种紧张和焦虑而产生的慌乱心理一时失去自我，从而胡乱接受别人的意见和建议。

当发现他人鼻子上汗液增多时，应多给予对方安慰和鼓励

由于不自信导致鼻子上汗液增多，这种对自己的怀疑和否定来源于对自己、对挑战的错误认知，自我的能力和条件等因素被压缩到最小，外部因素被放到了最大。这无形中拉大了内心中两者的距离，因此行为主体内心产生了担忧和恐惧。此时，行为主体内心的情感非常脆弱，急需通过别人的认可来获得自信。

因此，在社交活动中，假若你发现别人的鼻子上汗液出现增多的现象，你要做的就是及时给予安慰与鼓励，强化对方内心中的自我肯定，使其背负的过重心理压力适当减轻。如此，会使别人更加积极地面对挑战和机遇，同时，对方的心理距离也会迅速和你拉近，从而营建良好的人际关系。

初三年级某班的班主任由新调来的王老师担任，可是有个叫张明的男生始终不喜欢她，还经常与她作对，这让她很生气。一次期末考试开始前的半个小时，王老师不经意间发现张明独自坐在操场上发呆，她走过去询问，发现张明的鼻尖上出现了很多汗液，而且伴随着呼吸急促。王老师猜测张明很可能是因为学习吃力害怕考不好才这样的，所以她对紧张的张明说："没有关系，你放心去考，要相信自己。"边说着边对张明点了点头。随后张明被王老师带到了考场上。从那之后，张明再也没有为难过王老师。

当发现他人鼻子出汗时，应及时提出你的建议和意见

行为主体鼻子上汗液增多说明其内心处于紧张和焦虑的状态，这时候，由于自我怀疑与否定而使慌乱、不知所措充斥着行为主体内心，其渴望得到别人的帮助和指引，因此易于接受别人的建议和意见。

因此，在社交活动中，当你发现汗液在某人的鼻子上增多时，要明白这样一点：对方此时的戒备心理很弱。此时，你不妨及时提出你的建议和意见，巧妙地表达出你的意思，契合对方的心理，让其接纳你的想法，在不知不觉中受到你的影响。如此，你不仅在交往当中取得了绝对的主动，同时还能解他人忧愁，并成为对方的知己。

杨建东是一名推销员，他多次向客户介绍吊机和挖掘机等机械产品，最后终于进入商议合同细节的阶段。不过，在商议合同款的时候，杨建东发现客户的鼻尖儿上冒出了汗珠，他觉得客户此刻有点儿紧张和焦虑，毕竟这是几千万元的单子啊。于是他对客户说：“要不这样吧，我们先签合同，款放在第三方那里，如果在合作当中发现我们的产品或是服务有问题，您可以随时终止合作，不会有任何损失。您觉得这样可以吗?”客户听后，连连点头答应。

【读脸术】 鼻子上汗液增多是一种紧张和焦虑情绪的表现，这种表情说明对方此刻很没有信心，担心自己的能力差、表现差等。因此，在社交活动中，一定要有相应的策略，如及时给予安慰和鼓励，以帮助对方重塑信心，或是给出你的建议和意见，让别人有所适从。当然，在此过程中，还需要一些别的动作来配合，如冲对方点点头、拍拍对方的肩膀，或是向对方竖起大拇指等。

鼻孔外翻：我很生气，后果很严重

在社交活动中，鼻孔外翻的表情也是我们经常遇见的。如两口子正在为谁做家务而吵架，妻子气急败坏地嚷嚷着，鼻孔外翻的表情此时就在她的脸上出现了。那么，这种表情到底代表着一种什么样的心绪呢？从下面的场景中我们或许可以寻找到答案。

两个主妇因为一些芝麻蒜皮的小事在争吵着，随着争吵的升级，双方都红了眼，颇有点河东狮吼的意思。此时，她们的脸上就出现了这种鼻孔外翻的表情。家长会之后，有着鼻孔外翻表情的妈妈正在生气地训斥着儿子。

可见，鼻孔外翻的表情是在表示生气——当外部的情况与内心的期待之间产生了非常悬殊的距离时，情感上便有了挫败感。

鼻孔外翻是一种生气表情的表达。一般来说，这种表情出现的时候，因为理想和现实之间巨大的落差而使行为主体内心情感受到了伤害，这种情绪的集结使其全身的血液循环迅速加快、心跳加速，身体消耗的氧气增多，排出的二氧化碳也会相应增多，负责呼吸的鼻子中的气流量增大，于是鼻孔出现了外翻的现象。

当脸上出现这种表情之后，多半是在告诉我们：“我很生气，后果很严重。”在此过程中，由于内心的郁结情绪急剧迸发，因此对他人有着很强的抗拒性；出现这种表情的同时，人们常表现出非常强的攻击性。同时，和这个表情一起出现的，还有一些另外的动作和表情，如眼神非常锐利、横眉冷对，假若对方在说话，声音往往也会很尖厉。

当发现别人鼻孔外翻时，要及时将话语权交给对方

鼻孔外翻的表情是一种强烈的对抗和挑衅情绪的表达。心理学家研究发现，当这种表情出现时，人内心的情绪已经跌到了谷底，随时都有可能崩溃和爆发。此时对方内心对他人的戒备和攻击的指数是最高的。

在与人交往时，假若发现别人鼻孔外翻、呼吸急促时，那么你要懂得：对方现在非常生气，可能是你说的话犯了他的忌讳，也可能是你的喋喋不休使他无法忍受，总之，对方内心的情绪非常不稳定。此时，你要做的就是及时将话语的表达权让给对方，让对方通过言语表达等方式将内心的不满发泄出来，避免对方情绪崩溃。假若对方一直在训斥你，那么你要做的就是向对方“示弱”——尽可能地保持沉默。千万不要试图解释，因为此刻情绪极不稳定的对方是根本听不进去的。

两口子结婚后的第三天晚上，妻子对睡觉前没有洗脚的丈夫非常不满。她生气地骂着，呼吸急促，鼻孔外翻，一副不依不饶的样子。丈夫心里尽管很不舒服，但他还是没有做太多的争辩，洗了脚后才上床睡觉。妻子的怒气这才渐渐平息下来。

当发现他人鼻孔外翻时，语气应尽量缓和

由于内心愤怒不已而致鼻孔外翻的人，对他人充满了敌意和对抗情绪。由于他们内心激烈情绪外露，所以有很强的攻击性。在这种状态下，他们对别人的意见不会轻易接受。

因此，在社交活动中，当你发现他人情绪不稳定，鼻孔外翻时，你

要明白这样一点：对方内心非常生气，这种不满和愤怒情绪极其强烈，甚至到了忍无可忍的地步。此时，你要做的就是迅速让你的语气缓和下来，以此引导对方排解消极情绪。当对方语气有所变化，再征询对方的意见，让其将内心的不满和埋怨表达出来，这样，彼此之间才可能化解对抗的情绪，你们的交往才能更好地继续下去。

鼻孔外翻的表情，是一种内心因生气而产生了不满和怨恨的情绪表达。这种非常典型的表情在我们的生活中很常见。一旦观察到别人有了这种表情，我们一定要谨慎处理，及时跟他们沟通，避免因这种埋怨和愤怒的情绪过多地积聚而给彼此间的良好交往带来障碍。因此，在社交活动中，我们一定要善于察言观色，及时发现和判断对方的情绪状态，进行适时的巧妙化解。

【读脸术】 鼻孔外翻的表情多是一种生气和愤怒的情绪表达，这种表情的出现说明对方内心中对他人产生了不满和怨恨。因此，在人际交往中，我们一定要采取相应的策略，如适当的沉默、及时转交话语权、语气放缓征询对方的意见、迅速转换话题等。当然，在此过程中，还需要一些别的动作来加以配合，如和对方的距离适当拉远以便让他感到安全，为确保让对方知道你不会攻击他，应将手和脚放到对方的视线之内，或者是尽量顺从对方、排解对方内心的这种对抗情绪等。

鼻子微胀：我对你有看法，心里不高兴

小丽对提出要分手的男友说："既然你找到了你的幸福，那么我祝福你。"其实，小丽的心里极不情愿，在说这话的时候，她的鼻子正微微发胀。那么，鼻子发胀的表情究竟是一种什么样的心理呢？为了找到答案，我们不妨来看下面的场景。

我们常常能在老师和犯错误的学生之间看到这样一幕：当老师在批评学生时，学生不但不低头认错，反而还和老师狡辩。哭笑不得的老师问道："你难道就没有一点是非观念吗？没有一点羞耻之心吗？"老师说这话的时候鼻子在微微发胀；在家里也可以看到这一幕：父母对女儿的男朋友不太满意，女儿和父母争辩，此时女儿的脸上也有这种鼻子微微发胀的表情。

鼻子微胀的表情是在告诉我们："我对你有看法，我很不满意你的做法。"在此过程中，对方内心的不满情绪在快速聚集，之所以没有表达出来是因为受到了理性的控制，这种微表情其实是在传达因别人而起的对抗情绪。一般来说，自己的意愿离别人的反馈越远，这种抗拒越强烈，说明内心的压抑程度越严重，情绪爆发的可能性也就越大。

心理学家研究发现，说话时鼻子微胀的表情是行为主体对内心情绪压抑的表达。通常是在行为主体对某人或某事感到不满时，才会出现这种表情。并且，行为主体在有意识地控制、压抑着这种情绪。此时，假

若他们的表达能得到别人的理解和认可，那么这种压抑的情绪就会渐渐消退；如果不能被他人理解和认同，那么他们就可能会难以控制自身的情绪。因此，我们要意识到，这种鼻子微胀的表情是表达愤怒的前奏，这种表情在与人沟通的时候出现，别人的反应直接影响着它。

在社交活动中，我们应尽量让自己心平气和地去表达，以获得别人的理解和配合。一般来说，我们可以从以下几个方面做起。

当发现别人鼻子微胀时，应尽量多倾听多配合

行为主体谈话时出现鼻子微胀的表情，是因为不满的情绪在他内心中产生了，之所以没有发作是因为受到了精神和意识的控制。这时候，一般伴随着呼吸急促，鼻孔内运动的气流量加大，看起来鼻子微微发胀。这是一种强烈的不满和愤慨情绪的表达。心理学家研究发现，一般出现这种情绪的时候，人内心的对抗和抵触最强烈。心跳加快、体内的血液循环加快，意味着对方正压抑着心头的怒火，此时行为主体因神经高度敏感，所以随时都有爆发出来的可能。

在社交活动中，和你相处的人说话的时候鼻子开始微胀，那么你要明白一点：对方内心对你有很大意见，其对这种不满的情绪正在努力加以克制。这时候，假若你不想因和对方争吵而使彼此的关系受到伤害，那么不妨耐着性子多倾听，多让对方表达；同时，不要和对方正面发生冲突，避免因对方情绪失控而说出有损双方感情的话，或者做出过激的行为。假使不是大是大非的原则性问题，不妨适当妥协和配合对方。

当鼻子微胀的表情在别人的脸上出现后，你要切记一点：他们正在努力压制着内心的愤怒，一边在自我克制，一边在向你表达着不满。此时，你要懂得变通，千万不要试图用你的气场来压制对方，待对方心情平静的时候再与之进行沟通和交流，效果才会好。

当发现他人鼻子微胀时，要用缓和的语气向其征询意见

与人交流时，当对方脸上出现这种鼻子微胀的表情时，说明其有着非常不稳定的情绪，并在努力克制。此时你可以把说话速度放慢一些，并且把说话的语气放缓一些，以此来引导对方将彼此之间的对抗情绪逐渐消减。同时，不妨去征求对方的想法和意见，让别人有机会表达出自己内心的不满和埋怨，这样，对方内心聚积的情绪才会得到合理释放。同时，通过这个过程，能和对方打开彼此的心扉、消除芥蒂，对增进互相之间的感情很有帮助。

销售员苏红在和客户沟通的时候，客户向其询问了产品的价格和合作的模式。苏红发现客户在表达的时候鼻子有些微胀，于是她断定，客户的不满肯定是由自己告知客户的合作事宜中的某些条件引起的。于是，她等客户的话说完后，问道："您是不是觉得我们的条件有点儿苛刻啊？还是觉得价格高了呢？"苏红的真诚打动了客户，对方就把自己的想法一一说了出来。原来，客户不满的问题出在运费上了。

在与人交流的时候，这种鼻子微微发胀的表情非常常见。它表明人们正在压抑内心的不良情绪。此时对方的情绪不佳，正在努力克制。明白了这一点之后，你在和人打交道时，如果这种表情被你发现了，那么你应该迅速采取措施，缓解对方这种对抗和抵制的情绪，将由对方发出的攻击力降到最小，如此才能和对方进行良好的沟通。

【读脸术】 鼻子微胀的表情多是一种压抑内心不良情绪的表达，这种表情的出现说明不满和愤怒充满了对方内心。因此，在人际交往中，一定要采取相应的策略，如适当地示弱，多倾听，语气缓和地征询对方的意见等，使这种对立缓解，从而化解对方内心的不满情绪。当

然，在此过程中，还需要一些别的动作来配合，如在倾听的时候注视着对方的眼睛，适当地点点头，或者是手和脚放在对方的视线之内，并且和对方保持一定的距离等。

不由自主地抹鼻子：我说的话别人会相信吗

我们在人际交往中，常能看到有些人在交谈的时候抹鼻子，且伴随着轻微的低头、扭头的动作。这到底是什么原因呢？是对方鼻子不舒服，还是无意识地做出的动作呢？或许我们看了下面的场景，就能更清晰地了解这个动作以及隐藏在这个动作后面的心理情绪了。

客户等销售员介绍完产品后，说："你先回吧，回头我再与你联系。"客户边说话，边不由自主地抹了一下鼻子。同样，夫妻之间也常见到这个动作：妻子向晚上 12 点多才回到家的丈夫询问原因，丈夫说在公司加班，说的时候也不由自主地抹了一下鼻子。

从以上场景中，我们可以看出：不由自主地抹鼻子，是一种言不由衷情绪的表达。此时，行为主体内心非常纠结，因为不想让别人知道自己的心思，不得不撒谎，但又担心撒谎后良心会受到谴责，所以抹鼻子是潜意识里想通过遮掩嘴巴发音的口型，对自己进行自我安慰。

因此，在和人交谈时，假若看到对方说话时总是不自觉地抹鼻子，说明对方所说的话有"水分"，甚至完全是假的。

不由自主地抹鼻子，是在告诉我们："别人会相信我说的话吗？"

在此过程中，其实行为主体是在不断地对自己的良心进行拷问，“撒谎”在人的潜意识里是见不得人的事，所以行为主体用手抹鼻子试图遮掩嘴巴，以阻挡自己的声音外传。同时，这个动作发生的一刹那，行为主体大脑会迅速运转，抉择着讲“实话还是谎言”，同时，逻辑在脑子里也会迅速理顺，想要将谎言说得滴水不漏。行为主体借助手和鼻子的接触，暗示自己要保持镇定。也正因得到了自己的鼓励和支持，接下来的谎话行为主体才会毫不犹豫地说出口。

那么，当我们在与他人进行交流时，发现对方抹鼻子，该如何来应对呢？这需要根据不同的场合、不同的对象来做出相应的措施调整。如在工作中客户抹鼻子的意思，和在家庭中丈夫或妻子抹鼻子的意思就会大不相同。

当发现客户不由自主地抹鼻子时，应向其询问，为其解开疑惑

交流时不由自主地抹鼻子，是一种言不由衷的情绪表达。当这种表情和动作出现在行为主体身上时，说明对方的内心正忐忑不安：既要和自己的良心做番较量，又不希望被别人看透。一般来说，这种表情表达的情绪是内心深处对他人的抵触和对抗。心理学家研究发现，这种对抗和抵触的情绪相对来说不太强，是用谎言来敷衍别人，以削弱别人关注的程度。

在与客户相处时，假如客户在表达的时候不由自主地抹鼻子，那就说明他已经在积极编造瞎话对你进行欺骗。如：“现在还没开始做这个项目。”“暂不需要，等需要的时候再和你联系吧。”或是：“等我有钱了再跟你结账。”这些通通都是假话。当然，面对客户，你不能说对方在说假话，这样“撕破脸”等于把客户逼得无路可退。这时候，你只要不轻信他们说的话就可以了，既然对方的这种表现表明他们对合作有顾虑，那么你不妨进一步地询问，以“消灭”客户内心的种种疑虑，水到渠成，合作自然就达成了。

钢材销售员刘亚洲在向客户推销钢材的时候，客户礼貌地说：“我们的钢材现在有供应商，回头等需要时跟你联系吧。”说这话的时候，客户不由自主地抹了一下鼻子。刘亚洲知道这是客户在敷衍自己，他没有就此罢休，而是再次向客户说明了合作的意向，同时极诚恳地向客户求教。最终，客户被打动，答应跟他进一步商谈合作事宜。

当发现爱人不由自主地抹鼻子时，要用坦诚敲开对方心门

当夫妻之间在谈话中出现不由自主抹鼻子的动作时，毫无疑问，你们彼此之间丧失了最起码的信任。这时候，不管是妻子还是丈夫在说谎，作为伴侣都不要去嗔怪，而应用坦诚的态度来敲开对方的心扉。这样，才能加深夫妻之间的感情。尽管，彼此的心情会因刻意隐瞒的坏事暂时受到影响，但同时也指出了一条解决的光明之路，那就是“风雨同舟，荣辱与共”。因为彼此之间的不信任远比坏事本身所带来的伤害要大得多。

丈夫因前妻生活困窘，于是将一部分积蓄偷偷拿出来帮助她。当妻子询问的时候，丈夫编了美丽的谎言进行敷衍，在说谎时，他不由自主地用手去抹了一下鼻子。妻子从丈夫的这个动作看出了问题，她一边认真地看着丈夫的眼睛，一边诚恳地说：“别骗我，好吗？有什么事情咱们俩商量着来。”丈夫只好忐忑地将事情一五一十向妻子说了。没料到妻子不仅没有责怪他，还觉得他有情有义，是个值得托付的人。

我们在日常生活里经常能见到不由自主抹鼻子的动作，它是人们在说谎之前的一个潜意识动作。明白了这一点，我们在与人相处的时候，假若发现别人有这样的动作，就应积极采取措施，以增加对方的安全

感，让对方敞开心扉将真实的想法告知于你，以助于彼此进一步的了解和沟通。

【读脸术】 不由自主地抹鼻子的表情，传达出对方言不由衷的情绪状态，此种情况说明对方内心中正在为撒谎积极找寻合理的理由和借口。因此，在社交活动中，我们一定要采取合适的应对策略，如不要将对方揭穿，同时将自己的秘密告诉对方，以增加对方内心的安全感，或是谈话的语气和态度要坦诚，等等。当然，在此过程中，还需要如倾听的时候要注视着对方的眼睛等动作来配合，以达到更好的效果。

鼻子泛白：我兴致不高，别再惹我了

从传统医学的角度看，如果人的鼻子的颜色呈现暗红色、蜡黄色，这些变化都是人体健康状况的直接反映。在社交活动中，我们也经常会发现这种现象：和自己交谈的人的鼻子泛白。这通常说明一个问题：消极情绪正影响着对方。我们会经常在谈判时看到这种情况：强势的一方提出一个很过分的要求，而弱势的一方又不知道该如何应对，就会出现鼻子泛白的现象。这表明弱势的一方此时此刻或许正在犹豫，拿不定主意。

另外，这种情况在青年男女身上也会经常出现，尤其是女生，当其好不容易鼓足勇气的爱情告白却遭到了男子拒绝后，因自尊心受到了伤害，她的鼻子在此时可能就会呈现出白色。当然，鼻子泛白从人的生理层面来看，属正常现象，因为鼻子是人的呼吸通道，人内心情绪的变化都会引起呼吸的变化，而呼吸的变化又会直接影响鼻子的色泽和外观。

在社交活动中，交际高手在判断对方的心理状态时，往往会采取观察对方鼻子颜色的变化的方法，以做到知己知彼，全面地了解他人心理。鼻子泛白表现的是情绪低落，假若你正在与某人谈判或沟通，突然发现对方鼻子出现了泛白的状况，那么就需要改变原来的谈判或说话方式，以抑制对方的消极情绪，激发其积极情绪。

在商业合作中，客户鼻子泛白说明其急于闪人

谈判不顺利时，客户焦躁不安或者愤怒的状态也会影响到你的情绪。但是在那种场合，你往往又不能释放自己的情绪，于是你的鼻子奇妙地将此反映出来——鼻腔的神经末梢传送导致鼻子泛白。因此，我们可以这样推断，假若发现某人出现鼻子泛白的情况，那么就可以判断出此人内心正焦虑不安。

这一表情往往表现得并不太明显，不够细心的人根本很难观察到，因为有时所谓的泛白可能只是稍稍泛白，根本难以察觉到。但无论如何，一旦出现这种情况，有一点必须牢记，行为主体的内心此时肯定已经发生了变化，而且最终的结果可能也会因此而受影响。

郑晓是一家大型企业的副总经理，一次他与一位来自香港的知名企业家进行一项重要合作会谈。整个谈判过程进行得很顺利，郑晓和随行人员表现得也有礼有节，谈判下来，这位香港客户已经差不多同意签订合同了。郑晓特意在签订合同前办了酒会，来盛情款待这位远道而来的客户。郑晓非常高兴，因为他觉得大局已定，便彻底放开了喝。为了感谢客户不辞辛苦远道而来，他还连续几次向客户敬酒。刚开始的时候，

对方还能勉强应付几杯，但后来，因不胜酒力，客户已面露醉意，实在不想喝下去了。但郑晓与公司同事认为向客户劝酒就是顶级的礼节，于是仍然轮番向客户劝酒。客户此时略带歉意地说："郑先生，非常感谢您的盛情款待，但由于本人不胜酒力，想先回去休息，明天还要安排签字仪式。"没想到郑晓此时在酒精的作用下已非常兴奋，他借着酒劲儿，拉着对方说什么也不让他走。客户无奈只好坐下，与郑晓交谈起来。此时客户的鼻子上开始泛白，而且伴随有擦拭鼻尖、扶眼镜框的小动作，但郑晓并没有十分注意这个细节，他只是以为是酒精的作用，还特意递给了客户一块手帕。郑晓一点也没感觉到这是客户急于离开的征兆，他仍拉着客户喝了几杯。客户此刻自然是非常不快，但出于礼貌仍勉强陪坐。第二天一早，这位客户便离开了酒店，只让秘书通知郑晓取消此次合作。

在恋爱中，恋人鼻子泛白说明其内心忧伤

当一个人的爱情表白遭到对方拒绝时，被拒绝的一方因情绪极度低落，鼻子常常会呈现出白色，而且因为这个特征十分明显，很容易就能观察得到。

一位男生鼓足勇气向自己一直暗恋的女生表白，结果却遭到对方无情的拒绝。当时他的情绪低落到极点，伴随着一阵阵地发愣，其鼻尖以及鼻翼两侧都呈现出白色。不过此时的心情也许只有他自己才知道，因为这个女孩子对他一向毫无感觉，并不在意他的这一反应。

【读脸术】 鼻子泛白能直接反映出人的心理，是一种言不由衷的自然状态。这说明对方内心的情绪此刻正处于低落状态。在人际交往中，假若看到这种状况，一定要采取合适的应对策略，如转换原来的话题，以唤醒对方内心的积极情绪；或改变谈话的语气，态度要坦诚等。总之，在这个过程中，一定要消除对方的消极情绪。

抬高鼻子：我这么傲慢就是给你看的

在我们的现实生活中，抬高鼻子的动作极其常见，这是一种轻视别人的情绪表达。一位记者对一位政客进行采访，当记者的某个问题让政客感觉到自己很没有面子时，他将鼻子高高抬起，然后以俯视的姿态对那个记者说："我想我不会回答你的这个问题。"他抬高的鼻子此刻就反映了他的轻视态度。

在文学作品中，也常有这样对鼻子的描写。很多文人用"鼻孔朝天"来刻画那些傲慢、骄横的人，其他一些常用的特征描写还有："他鼻孔朝天，一副自高自大的神态""他仰起鼻子，露出轻蔑的表情""他鼻尖朝天，对世界不屑一顾的样子，一切都在他之下"。这些描述表明，那些傲慢、狂妄的人经常会出现抬高鼻子这一动作，同样，假若一个人常常有这种表情，那就表明这个人性格比较自负。

现实生活中，有着很多这样性格傲慢的人。我们跟这样的人打交道时往往会感觉很吃力，与他们进行交流很困难。那么，我们该如何与傲慢的人交流呢？

你抬高鼻子，我以包容的态度对待

傲慢的人虽然外表看起来很强大，但内心却未必强大，所谓外强中干也常常是在形容他们。所以，这样的人很多时候本质上还是脆弱的。遇到这样的人，我们不妨用包容的心态与他们相处，这样也许会改变他们傲慢的态度。

对方的傲慢无法容忍时，要果断闪人

有些人的傲慢态度，常人是根本没有办法容忍的，假使你做不到宽容他们，那么最好的方法就是远离这些人。尤其是要和经常大嚷大叫的人保持一定的距离，以免给双方造成伤害。当然，远离他们并不是畏惧他们，这是一种策略，是用这种方式去孤立他们，从而使他们认识到自己很不受人待见。傲慢的人总希望能引起别人的注意，所以他们往往借助于伤害别人的感情这一方式，这正是他们在生活和事业中处处碰壁并最终遭遇惨败的根源。要想促成他们对自己行为的反思，目前最好的方法或许就是采取这种孤立他们的态度。假使这个人能意识到这种傲慢的态度会给自己将来的发展带来阻碍和伤害，必定会有所反思，或许孤立他们会促使他们想办法改正。

如果必须面对傲慢的人，那就不要太惯着对方

我们在被逼无奈的时候，也必须要去面对这种态度傲慢的人。在宽容理解他们的同时，也要适当地给他们一些教训。当然，这不是说我们要以恶制恶、以怒制怒——假若你真的给他们这样一些教训，那接下来彼此就更难相处了。因为你一旦以怒制怒，对方的情绪将会更难控制，更重要的是，你会因受到对方的影响而沦为一个消极的人，此时，你受

到的伤害甚至多于傲慢的人所受到的伤害。比较靠谱的做法是表现出不卑不亢的态度，耐心地对他们的人格弱点进行分析，这虽然会令他们一时很难堪，但是你要让对方明白，这对于他们未来的发展是非常有帮助的。

【读脸术】 鼻子的非语言信息，既有其单独表现出的不同含义，还有配合着其他身体语言表现出的另外含义。如在思考难题或者极度疲劳时，人们会用手捏鼻梁；非常无聊或者遭遇挫折时，则有可能会用手指去挖自己的鼻孔。通常认为，这些触摸自己鼻子的动作，都可理解为对方内心正在进行着自我安慰。

鼻子歪向一边：我要么不屑，要么不信任

在有的场合有些人的鼻子会随着脸一起歪向一边。这样的一系列姿态常常有挑衅的意味在里面。两人产生矛盾，在动手前，常会出现这种姿态。实际上，在现实生活中还有很多这种情况，如有人向你提了一个不易回答的问题，或者强迫你做某件事情，非常不情愿的你在这种情况下也会不由自主地做出这种表情，同时还可能会伴随着摸、捏、揉鼻子的小动作，以表达内心的不满或者不屑。再如，很多销售人员在向客户推销产品时，因为客户对其不信任，所以遭到了客户的拒绝。很多客户内心本来就抵触推销，当他面对陌生的推销员时，对其产生戒备之心是

很自然的事。客户不信任推销员本人，是导致推销员被拒绝的最重要原因。一般来说，客户在没有充分了解陌生推销员及其产品前，当然不会轻易产生信任心理。

鼻子歪向一边的表情，是对方对你不屑或者不信任的情绪表达。通常，这种表情出现在刚与人接触时。因缺乏沟通和了解，彼此都保持着高度的警惕心理，所以，这种表情也是在现实生活中最容易看到的。

获得对方的尊重及信任，这是与人打交道的前提，也是展开交流的基础。设想一下，假若对方对你这个人根本不信任，不认可你的观点和思想，那就不可能展开更深入的交流。那么，当我们看到对方出现这种表情的时候，该怎么办呢？一般来说，我们需要注意以下几个方面。

意外的惊喜赢得对方信赖

在跟陌生人交流之前，人们一般会因陌生人的职业、地位而产生某种期待，或者会事先猜测此人可能会说什么话。假若在初次交往时，陌生人能说出自己“期望”之外的内容，尤其是一些能打动自己的话，那么行为主体会因为这个意外之惊喜而增加对对方的信赖感。

详细的证据资料打动对方

说话要想取信于对方，就得建立在有理有据的基础上。当你觉得要说服对方很困难时，就不妨使用文字、资料来相助。较为全面的信息能帮助自己决断，当一个人要做出决策时，其一般会根据对情况知悉多少而定。所以，为对方提前准备一份详细、齐全的资料，以字代言的效果常常会打动对方。如当你在与客户谈判时，可以拿出合同、公司的相关文件等来佐证，以快速赢得客户的信任。当客户提出某项不合理的要求时，你可以这样回应，如给出类似“公司早有明文规定，类似费用一律不报”的解释等。

“玩笑话”也要当真

不信守诺言在一般人的心目中，常被视为不靠谱的表现，即便是谈笑间的话也是如此。假若你能兑现开玩笑时许下的承诺，不将“玩笑话”当成玩笑，守之不渝，真的去履行，那么一定会给他人带去惊喜。对方在大为感动之余，势必会理所当然地增加对你的信任感。

【读脸术】 当然，鼻子歪向一边有时也是人的一种生理反应，如当鼻子受到外部刺激时会产生疼痛，或者天气寒冷也会引起鼻子酸，这时候人们会不由自主地将鼻子歪向一边。因为，鼻窦部位由于紧张会产生轻微的疼痛感，用手指捏捏鼻梁或者歪向一方在某种程度上可以减轻痛感。

皱鼻子：我真是受够了，你快停下吧

在现实生活中人们经常会做皱鼻子的表情，它表示的是一种讨厌和厌恶的意思。如你是一个非常威严的父亲，平时对孩子的要求很严格。当你阻止正在玩耍的小孩子时，慑于你的威严，小孩子不敢直接顶撞你，但是一般会皱起鼻子看着你，这一表情告诉你：小孩子讨厌你的阻止行为。

还有一些文学作品在描写某人态度轻蔑时，往往是用“嗤之以鼻”来形容的。在做这一表情的时候，假若对方非常严肃，脸上没有一点笑容，说明其心中厌恶和轻蔑的情绪已经相当严重，甚至到了极度厌恶的程度，有时还会带着一些傲慢、不屑一顾的轻视。据说，在鼻子两侧有明显皱痕的人，其内心非常悲观，世界观、人生观也很消极；在他们的眼中，世界是丑恶的，人生是悲情的，没有一丝快乐可言。尽管这种说法并没有科学依据，但皱鼻子也在一定程度上反映了一个人具有消极的情绪。

一个人在和你谈话时，如果鼻孔朝天、眼睛斜向上看，还经常地皱一下鼻子，呈现出一副神气十足的样子，你的内心一定会有被忽视、被看不起的感觉。实际上，这些人做这样的表情，并不是拒绝跟你交往，而是希望能占据上风、占据主动，希望你能受其支配。因此在和这种人交往时，可以放低姿态，尽量让对方的地位和优势凸显出来，满足他们高人一等的心理需求。

在与这种人交往的过程中，我们要留意一些细节，争取用更加积极的态度和人生观去影响他们，使他们从极度消极的情绪中尽快解脱出来。那么，在交谈中怎样来凸显对方的优势呢？可以从以下三个方面入手。

借助环境缓解对方消极情绪

对方在交谈中出现皱鼻子的表情，那是一种心生厌恶的情绪表达。此时，为了排解对方的这种情绪，我们需要掌握一些相应的技巧。其中比较好的一种就是根据当时的环境来确定谈话的内容，如去客户办公室拜访对方，可以赞美客户的办公场所；与女朋友在郊外约会，可以谈论谈论天气；与朋友约在高尔夫球场，可以聊聊场馆的优劣等。这些话题虽然看似无足轻重，但是却能很好地缓解对方的消极情绪，以使对方尽快地投入到话题中来。

及时表示关注满足对方心理需求

上文说过，喜欢皱鼻子的人所表达的厌恶之情，并不是拒绝和人交流，而是希望自己能得到更多的关注、更多的追捧。因此，在跟这类人交流时，我们要及时地表达出对他们的关心，可以借助当时的场景给予问候，或就当时谈论的话题、遇到的难题向对方请教。

以下是几个经典的案例：

"周小姐，上次我们聊过之后，我对贵公司的发展有些想法，但是后来一直没有能够在会场再碰见您，不知贵公司目前使用……的情况怎么样？"（表达对客户公司现状的关注）

"王女士，我等商展结束后再与您联络，您现在是不是遇到什么麻烦了？……"

"吉姆，我想占用您 5 分钟的时间，给您看看我手头一些产品方面的资料可以吗？上次虽然您参加了商展，但没有机会当面拿给您看。"

在对他人表达关心、关怀的时候，以下几点是要注意的：

1. 表达要恰如其分，而不是将对方刻意地夸奖一番。

2. 态度要真诚，言语要得体。

3. 要注意对象，对不同的人应使用不一样的关心语。

4. 要注意交际的场合以及时间。

抓住言行细节打动对方

细节之中显真情。细节往往是最能打动人心的地方，但却最容易被人忽视。我们对对方的一举一动应该时时刻刻关注，特别是在一些细节问题上，要学会察言观色，以抓住对方言行的细节，及时地向对方表达关心，即便是短短几句真诚的话语，也能够打动对方，使对方对你产生高度的信任感及安全感。我们在和他人交流时，要尽量地用话语去关心对方，使对方在你的语言中感受到来自你的诚意。只要你真诚地去关注对方，就能收获对方对你的信任。

【读脸术】 皱鼻子是一种厌烦情绪的表达，它常常出现在一个人淡漠或严肃的表情中，但也不排除有其他的情况。如假使皱鼻子与微笑或大笑同时出现，那么所表达的意思就会有所不同。为什么会出现这样的情况呢？这需要我们从人的生理层面来进行分析。人在大笑时，鼻子周边的肌肤会被嘴唇向上拉动，从而平添很多皱纹。这些皱纹往往与厌恶的情绪并没有太直接的关系。所以，我们要具体问题具体分析，不能凭借单一的皱鼻子表情来研究、判断对方的情绪。

五

嘴唇的艺术——“口是心非”的最佳泄密者

人的脸部表情非常丰富，内心的喜怒哀乐全能通过脸部表情表现出来。人们常说：“情在脸上现，怒从脸上生。”在与人交流的过程中，脸上的表情起着不容忽视的作用，因为人的脸会说话。作为脸上主要的器官之一，嘴唇是很多身体语言中的一个重要信息暗示点，在与人交流时，嘴唇是表现最为丰富的部位之一。嘴唇几乎和每一个脸部表情都有关，如笑、哭、生气等，不同的表情会反映出不同的心理，唇齿之间的各种表情是解开人们心锁的密码。

嘴角上扬：别猜了，我就是看不起你

眼睛、鼻子、嘴巴是人的面部非常重要的三个器官，这三大器官稍微有点风吹草动，都能反映出一个人的内心情绪。嘴是人体三大器官不可或缺的一个组成部分，在表现人的内心活动中起着极重要的作用。

嘴角上扬是一种轻蔑情绪的表达，表示的是对他人的嘲讽、讥讽。我们经常会在现实生活中见到这样的情景：如一个身世、相貌、资历各方面都非常优秀的人，在和一个普通人谈话时，某种蔑视的神情常常会挂在其嘴角；再如，你去买一款高档首饰或服装时，假若不停地砍价或者挑肥拣瘦，营业员也会对你表现出嘴角上扬的表情，虽然其表面上似乎是在向你微笑。

强势群体在对待弱势群体时常常会出现蔑视的神情，主动一方对待被动一方时也会出现蔑视的神情。因为强势、主动总是占据着巨大的心理优势，所以在言谈举止中这种优势会不由自主地表现出来。从人的情感角度出发，不论是在现实生活中，还是在商业交往中，每个人都有展现自己的欲望，这是人之常情，是普遍存在的现象。

但蔑视这个词常常令人很讨厌，所以带有这种神情的人也常常会让人产生厌恶之情。因此，在社交活动中，即便你比对方有优势，也不要将其轻易地表现出来；假若对方有这种表情，你也要及时地观察到，以在应对时做到有的放矢。

在交际中避免使用这种表情，我们都是平等的

嘴角上扬的表情是对不平等地位的一种凸显。正是双方地位的不平等，才使地位占优的一方在谈话时出现了这种表情。也就是说，在谈话中做出这种表情的人，其内心正呈现出“我看不起你”的心理，而如果其内心呈现出“我尊重你，敬仰你”的心理，那肯定不是这样一种表情了。所以，一旦这种表情在一个人的脸上呈现，那么就意味着谈话双方的地位出现了失衡。相应地，之后的谈话就会出现“一边倒”的情况。

假若对方嘴角不时上扬，要继续保持平和的心态

在社交活动中，假若对方对你表示出蔑视、不尊重，你也没有必要针锋相对地反击对方。相反，你应继续保持平和的心态，这一点是相当重要的。因为，与各式各样的人来往是“与人打交道”的目的，所以需要时刻保持一颗平常心，用一颗平常心来对待和你交往的人，态度不可过于谦卑，也不可太狂妄。因为在很多时候，你不仅仅是以个人的身份在与对方展开交流，而往往是代表着一个集体、一个企业的形象。在与客户谈话时，你要给自己一个准确的定位，将姿态放低，耐心听取对方的意见。总之，要切记一点：小不忍则乱大谋。

如你带了一份丰厚的礼物去探望一个久未相见的朋友。可是对方的反应让你很惊讶，其不但不重视这份礼物，反而认为这是你对他的一种轻视。于是，对方面带微笑地对你说：“你还是将这么贵重的礼物带回去吧。”此时，将礼物带回去还是留下来不是你应考虑的事情，而应保持镇定，不要忘记来访的初衷，与其继续大大方方地交流。只要你能实现这次拜访的初衷，就是最大的成功。

【读脸术】 嘴是表达感情的重要器官之一，嘴唇在现实生活中有着丰富的动作。因此，根据嘴唇的表情来对一个人的心理进行判断，也比其他部位的难度更大。因此，一般地讲，看一个人嘴唇的状态，最好配合着其他的表情共同进行。如对方嘴唇上扬的同时，一脸严肃，表明对方带有轻蔑之意；但如果对方在嘴角上扬时眉开眼笑、满脸笑容，则极有可能是高兴、兴奋之意。因此，在实际运用时还要根据具体情况而定，一定不要以偏概全。

嘴唇紧绷：我一定会坚持到底

当一个人暗下决心，或者对某件事的看法心意已决时，他就会紧紧绷起他的嘴唇，表示自己内心坚定。我们在现实生活中会经常看到这样的场景：当孩子受到批评时，当学生考试没考好时，当创业者在事业上遭遇挫折时，假若你看到他们嘴唇紧绷，就说明他们有志气，不会退缩，不会被眼前的失败所吓倒，有重整旗鼓、东山再起的勇气。

这种表情还表达着另外一层意思：恶意对抗。当一个人内心不满、气愤，或者自己的利益受到威胁时，脸上也会呈现出这种表情，表示他准备和对方死磕到底。如小孩子向父母辩解时，拳击手准备进攻时，都会做出嘴唇紧绷的动作，这种挑战是无声的——虽然其嘴上不说，但这种表情已经说明了一切。

一次，保险业务员朱爱民去拜访客户徐女士，进门后他主动向对方自我介绍：“徐女士您好，我是××保险公司的保险营销代表……”“卖保险的？对不起，我已经购买过保险了……”客户说话间，嘴唇紧绷、两脚相扣，双腿不时地抖动。客户的这个举动被朱爱民看到后，他开始犹豫，因为他通过客户的举动已经知道对方对自己产生了敌意。于是，他并没有急于求成，而是选择了礼貌告辞。

“我很强势”是嘴唇紧绷这个动作向人们传递出的信号，其目的是向别人表示自己的领地不容侵犯，“我可以支配一切”或“我不需要你的帮助”是其要告诉对方的；或者是对方在表示为了不受自己和他人的情绪影响，以抵挡住外界的一切干扰及诱惑。一般地，有这种表情的人有坚定的信念和意志，做事有一种坚持不懈的精神。

正因为这样，很多人在自身利益遭遇损害时，往往会做出这个表情以示不满和抗议。也许美国西部牛仔在大家心中的印象比较深刻，那是因为牛仔们在辽阔的西部草原上，会经常发生打斗，为了恐吓对方，牛仔会将两手叉腰、嘴唇紧闭的姿态鲜明地展示出来，同时两个人暗暗地彼此打量，随时准备着一场决斗。所以，假若你发现对方在和你讲话的时候出现嘴唇紧绷的表情，那么就应该知道你一定是不被对方欢迎的，这也意味着你需要采取其他有效措施进行应对。

当发现对方嘴唇紧绷时，应舒缓对方的情绪

在交谈时，对方如果出现了这种表情，说明其心里可能很愤怒。如客户要求退货，此时，最关键的是让客户的紧张感得到舒缓，千万不要与其对着干，否则，只能加大矛盾，加深误会。要知道，你的产品已经出了问题，如果你的服务态度再出现问题，那后果真的会很严重。和人打交道也一样，犯错误不可怕，可怕的是你没有勇气去面对、去承担责

任。假若你态度诚恳、方法得当，对方情绪会恢复平静的。

要耐心倾听，搞清楚对方这样做的原因

倾听有时比诉说更重要。面对满腔怒火、正愤愤不平地表达着自己不满意的对方，我们唯一可做的就是耐心倾听，暂且不管对方的这些意见是否合理，换句话说，就是给对方一个机会让其释放情绪。当他们向你将所有的不满倾诉完后，其心头的“对抗”情绪也会因此消除一大半。此时，你再向对方提出自己的意见和想法，与其共同协商解决的办法。如在你的客户向你抱怨你们的产品质量不好、服务质量跟不上等时，你一定要让对方将话说完，然后再着手去调查具体的情况。

为其积极提供解决办法

嘴唇紧绷是一种决心的表示，也就是说，行为主体认准的事情必须有一个让其满意的结果。而对于此时的我们来说，要尽自己的最大努力去帮助对方实现这种愿望，达到既定的目的，只有这样才会赢得对方理解。在行为主体的眼里，发现了问题就要积极地去解决，最重要的就是这一点，“要想让我认可你，除非你帮我解决实际问题”。

如面对调皮的孩子，你告诫其不要去河里游泳，但是你越阻止，他逆反的决心却越强，假若你发现你的孩子在看你时紧闭着嘴唇，那说明他已决定与你对抗到底了。为消除孩子的这份对抗之心，帮助孩子实现游泳的目的应该是最好的办法，可以为孩子买个游泳圈，或者帮孩子找一个相对安全的地方游泳。

【读脸术】 我们可以将嘴部周围肌肉的收缩看成是心意已决的标志。但做这种动作的人也未必就都是带有这种含义，因为人与人之间

毕竟存在着差异。这种动作也常出现在双方打架斗殴前，这意味着一场冲突可能在所难免。假若在嘴唇紧绷的同时，双腿却非常放松地自然蹲于地面，则是一种友好的表示。

嘴唇紧闭、嘴角向下：这么大的事，我行吗

嘴角两边向上提起的人的性格，是乐观、活泼的；与之相反，嘴角两边下垂的人，则意味着其长期的悲观厌世或当时的心情不愉快。在面对他人时紧闭嘴唇、嘴角下垂的人往往不自信。这种嘴形通常彰显着行为主体的性格忧郁或者存在病态。

在我们的现实生活中这种表情很常见。如坐在后排听课的学生，一开始都紧闭嘴唇、嘴角下垂，总是给人一种貌似非常“严肃”的表情。第一次上台演讲的人，以一张“苦瓜脸”面对着台下的听众，很少乐呵呵地笑，哪怕是微笑。其最根本的原因就在于，他们的自信心严重缺失，自卑使他们没办法完全放开。

心理学家研究表明，人不自信时，脸部表情会非常僵硬，嘴唇绷紧、卷曲，一张脸是“易怒的、生气的”，通常，这和行为主体长期被压抑的性格有关。因此，在与人交流时，心理学家将行为主体嘴部周围肌肉的收缩看成是其自卑、悲观的标志。一旦对方出现这种表情被你看到，那么就说明对方是一个不自信的人，或者说对方此刻信心不足。

那么，我们应如何与不自信的人交流呢？需要注意以下三点。

用眼睛注视对方，给其积极的暗示

眼睛能传递信心和力量给别人，当你发觉对方有些自卑心理，应注视着对方，暗示对方鼓起勇气。心理学家研究表明，热切地注视能增加人的自信。为了增强一些常被自卑感所困扰的女人的自信，心理学家就让这些女人在镜子里面看自己，并且长久地看。当她们看到自己白皙的皮肤、柔顺的头发，或是身上的某一优点时，某种幸福的感受就会不由自主地产生。如此，在别人面前她们就可能慢慢自信起来。

实际上，这就是注视的力量。假如你热切地对一个人进行注视，那么欢喜一定会充满对方内心。若再给对方一些积极的暗示，如：“你的眼睛真好看”“加油”“我觉得你做得很棒”，等等，信心就会逐渐地在对方内心树立起来。

要用肯定的语气对对方进行鼓励

我们应采取积极肯定的态度和对方交流，以让对方克服消极、否定的情绪。如在和对方交谈时，面带微笑地说话。如果你的态度总是轻视、鄙夷，板着一张脸或冷言冷语，这不仅会让对方不舒服，还会让对方更加没有自信。积极肯定的态度能帮助别人树立起自信心，消极冷漠的态度则会摧毁人的自信心。我们来看下面的案例。

每年，某大学生团体都会招募一批队员参加一系列的比赛，他们所倡导的口号是：“我是最美丽的使者。”因此，组织者每年都要到各大学选拔学生，请他们参加这个比赛。长此以往，这个团体在全国各地举办了很多次的比赛。每个成员都因比赛变得越来越美，令人刮目相看。

据这个团队里的工作人员说：“其实，这些队员的美丽，源自于他们的内心越来越有自信！”这话完全正确。因为他们每天在“我要参加这个比赛，我是最美丽的”这种积极态度的引导下进行自我发掘，良好的精神状态使这些人显得越来越美。他们因“我要参加这个比赛”这种肯定生活的态度而产生自信。自信的建立就像砌砖块一样，需要一块一块地砌起来，我们只有逐渐树立起对人生积极、肯定的态度，才能克服对他人、对自己的不必要的恐惧。因为，自信会培养自信。

引导对方及时说出内心的困惑

美国有一位名不见经传的汽车推销员，他对整个行业当时还不是十分熟悉。一次，他单独去见美国的汽车大王。推销员当时很害怕，因为汽车大王的名气很大。当见到汽车大王时他不由自主地说出了这样的话：“非常惭愧，刚看见您时，我紧张得连话都说不出来。”结果，他的紧张和恐惧感反而因为这样一说而消失了。

第一次来到一个陌生的地方，人内心难免会产生害怕、疑惧、消极的情绪。此时，若用语言将这种不安的情绪表达出来，那么，就会大大减轻这种消极情绪，内心的紧张就会大大减弱。“冷静地观察自己内心，然后毫无隐瞒地抖出观察结果，那么就没有产生消极情绪的余力了。”这是实验心理学之祖威廉·华特提出的一个观点。换句话说，这就是“内生法”，通过观察自己时时刻刻都在变化着的心理秘密，然后用语言毫无隐瞒地将其表达出来。

【读脸术】 嘴唇紧闭、嘴角下垂是不自信的一种表现。但这种情绪只出现在特定的环境中，如陌生恐惧、充满消极气氛的环境中。但若看到在欢快、愉悦的环境中一个人做出这样的表情，就不应该盲目地做出“对方是不自信的”这样的判断。要学会因人而异，因场合而异，根据当时的具体情况来判断对方的心理。

点头时眼睛闭合：干得漂亮，我看好你

当你被一个人发自内心地接受，或是对方对你的观点持肯定的态度，那么即使对方不说话，也会伴有微微的“点头”动作。若对方对你的观点或建议不赞成，那你会发现对方的头部有轻微地摇头的动作，甚至有其他具有否定意义的肢体动作伴随。因此，要想知道一个人对你是否发自内心地信任和支持，不能仅听其嘴上的表达，根据说话人当时的头部动作及其他肢体动作来做进一步的判断是最靠谱的方式之一。

在交流中，点头的动作是对他人观点表示赞同。如与人见面时，我们通常会先微笑着点头——这里的点头就是表示一种友好和礼貌。销售人员、谈判人员在正式的会谈中也常用这种方式向合作方问好，以表示尊重和信赖。

虽然点头的动作貌似简单，但在人际交往中却能产生非常大的感染力。你向对方点头，能在瞬间赢得对方的好感和信任。若对方对你点头，你也会感到自豪和满足。这就启示我们：如果想与对方建立良好融洽的关系，想赢得对方的尊重和信任，适时地运用点头的动作无疑是非常好的方式。在与人交流的时候，你边点头边问：“您也是这么想的吧?”由此产生的积极情绪，会使对方更加赞同你的意见。

当看到对方向你点头时，要礼貌回应

当你对某个人说“是的，您的观点我赞同”“您的意见我非常乐于接受”“我没有意见和看法”时，假如你想让对方完全相信你的话，就要不时地点点头。这小动作虽不起眼，却可以加强对方对你所讲的话的信赖感。

当倾听对方讲话时，要一边听一边点头

心理学家研究发现，人每次点头的次数以三下最为合适，这样能激发他人的谈话欲望为平时的三四倍。倾听者点头的频率能显示出其倾听的耐心程度，倾听者缓慢地点头表示其对谈话的内容很感兴趣，因此，当客户陈述自己的观点时，你要想将认真的态度表现出来，就不妨缓慢地点两三次头。不过，你点头的频率不可过快，如果频率过快，则等于在向客户说：“我已经不耐烦了。”这等于在催促对方马上结束谈话。

如销售人员与客户沟通，为消除客户心中的顾虑，销售人员在说话的同时会伴随着轻微的头部动作——点头代表着肯定，摇头则代表着否定。然后，他再根据客户的反应进一步判断对方的态度。若对方也以点头回应，就说明其态度是肯定的；如果对方头部僵硬，丝毫无迹象，则说明客户的态度是不认可销售人员所说的话及其产品。此时，就需要销售人员注意了，或许需要换一种方式来对客户进行说服了。

【读脸术】 一般地，点头是“顺从”“同意”的意思，摇头是“不同意”“拒绝”的意思。但有时候也并非完全如此，有的点头是在强化心里的反对立场，有的摇头却是动摇了本来对立的想法。

手指放在嘴唇中间：我的内心很纠结

在人的心理活动中，欺骗或者纠结的心理大部分都会用手接触嘴唇的动作进行表达，将手指放在嘴唇中间的手势，是行为主体内心需要安全感的一种外在表现。我们在生活中会经常看到，幼儿会将自己的拇指含在嘴里，而成年人则常常会把手指放在嘴唇之间，如在吸烟、拿着烟斗时，成年人经常会把中指放在嘴唇中间。

如果一个人在说话的时候用手遮住自己的嘴，那么说明此刻他很可能是在犹豫。如果在你说话的时候，对方遮着自己的嘴，那就表示对方认为你可能对其隐瞒了某些事情，行为主体有所怀疑，心里很纠结。

如你正在召开一个会议，如果你的话题或者观点让听众内心产生了不安，那么他们有人会用手捂着嘴，来表达此刻的心情。当遇到这种情况时，你应该停止发言并向听众询问："大家有什么问题吗？"或者："可能有的朋友对我的观点不太赞同，没有关系，让我们一起来讨论一下吧！"这样，就可以让听众及时将自己的异议提出，发言者也有机会来对自己的立场进行解释并且回答听众的问题。值得注意的是，听众用双臂在胸前做交叉的动作，和遮住嘴巴的手势有着相同的含义。

手指和嘴的关系非常密切。手触摸嘴唇是一种不自觉的动作，表明行为主体内心缺乏安全感，触摸是对方正在寻求心理上的安全感的一种表现。心理学家研究发现，这和人类婴孩时代吸吮母亲的乳头关系很密切。即便是成年人，即便这一动作后天被赋予了许多有意识的东西，但是这一动作仍然具有原始的意义。

人在做出一些重大决定时，都会经历一番内心挣扎，表现出犹豫不决。因此，当对方为自己下一个决定而犹豫时，你不妨及时、恰当地推其一把。很多时候，对方缺少的正是你“推一把”的帮助。然而，很多人却做不到这一点，原因是其对对方的心理根本没办法把握，不知道该在什么时候去“推”。其实，要想抓住对方的心思，你通过一些小动作就可以把握住“出手”的机会。人在犹豫的时候，会附加很多小动作，手变得“不老实”就是最明显的一个，有时还伴随着不时地触摸嘴唇、挠后脑勺等。所以，当你看到对方用手指触摸嘴唇时，就要及时改变交流方式，促使对方内心不再犹豫，以尽快下决心。

当发现对方手遮住嘴巴说话时，要及时给予安慰

在现实生活中，有的人会假装咳嗽来掩饰自己遮住嘴巴的手势。如我们在电视剧中常能看到这样一幕，强盗或者罪犯在和其他歹徒讨论犯罪计划或在受到警察审讯时，就会做出这样的动作，让人觉得鬼鬼祟祟。

也就是说，这一动作有可能是撒谎、欺骗的标志。从人的心理角度分析，行为主体这样做的目的也是内心安全感缺乏的表现，想从外界获得更多的安全感。所以你会发现，当一个人向你承诺某事，事后却又没办法兑现时，对方就会出现这个动作。这时你千万不可责备对方，而是要用和缓的语气去安慰对方，鼓励对方讲出事实，否则，对方只会用一堆谎言来应付你。

当发现对方用手遮住嘴巴说话时，要鼓励对方说出事实真相

现实生活中，当人下意识地用手遮住嘴巴时，表明行为主体有可能正在撒谎，并且正试图掩饰自己说出的那些谎话。手触摸嘴唇是渴望获取安全感的一种表现，一个人常常是在受到较大压力的情况下做出这个手势的。假若你在与客户交流的过程中做出这样的动作，说明你的内心正存在着某种困惑，或者缺乏自信。现实生活里，很多人会在被拒绝之后无意识中做出这种动作。

【读脸术】 下意识地用手遮住嘴巴，表明撒谎者试图对自己说出的那些谎话进行掩饰。用手遮住嘴巴，就如同将食指竖立在嘴唇前说“嘘”的手势一样，都表示“不要说”，只不过是具体的含义各不相同而已。有时候，人们是用几根手指或者紧握的拳头遮着嘴，但其包含的意思都一样。

轻咬下嘴唇：我心里紧张死了

在现实生活中，人轻咬嘴唇是紧张的一种表现。当一个人心里紧张，或者其所在的场合令人紧张时，行为主体就会下意识地做出咬自己嘴唇的动作，这是为了掩饰自己内心的消极情绪。

布什总统在“9·11”事件发生后，出现在电视里发表讲话。细心的观众会注意到，他不时地咬着自己的下嘴唇，后来他的这个动作被认为是失态之举。心理学家详细分析了这段视频，他们从“肢体语言对政治家的重要意义”这个角度解释了布什之所以会在全世界人民面前失态的原因。

心理学家说，政治家极力想要展现的特质一般是权力、权威和坚韧，但同时，他们又希望自己强势的形象不至于让人太反感，甚至还希望能传递出友好、亲切以及真诚的信息。在如此重要的场合，任何一个人出现在台上都会紧张，不仅仅是布什。当时的情况的确搞得人心惶惶。当布什内心感到紧张有压力时，他下意识地咬了自己的嘴唇。尽管布什表现得很镇定，做这个动作时也是无意识的，但是十分明显的，所以很多细心的观众都会注意到这一小动作。

生活中，这个动作是我们每个普通人在紧张时都会习惯性做的。如在刚学会走路时，小孩子因为害怕摔倒，他不但将两只小手在半空中乱动，还会紧紧地咬着自己的下嘴唇。走上考场的考生，即使准备得很充分，考场上的工作人员也很温和，但考生仍会感到紧张。还有恋爱中的女孩，她们在向自己喜欢的人表白时，似说非说，欲语还休，犹抱琵琶半遮面，这时她很有可能也在咬自己的嘴唇。

人在心情紧张时，会自动收缩头部的神经系统，从而带动绷紧全身的神经线，紧咬下嘴唇就是这种心理的表现，目的是掩饰自己内心的紧张和焦虑情绪。现实生活中，当我们在和他人交流时，假若发现对方紧咬自己的下嘴唇，就可以断定对方正处于紧张的情绪当中，那么，我们就可以通过这个小动作来感知对方内心的脆弱、不舒服和压力情况。

请记住，假若一个人真的不开心，或是为了避免遭遇危险而寻求同情或帮助时，就会出现这样的表情。那么，一旦发现这种情况，我们该怎么应对呢？也就是说，应怎样帮助对方来缓解这种紧张的情绪呢？

应劝诫对方坦然接受

当他人心情紧张时，我们常常会这样劝慰对方："别紧张！""没什么大不了的！别当回事！"然而，这种劝解对缓解对方的紧张情绪一点用没有，不但起不到缓解的作用，反而会增加对方心中的紧张和不安，"情绪如潮，越堵越高"说的就是这个道理。

假若换一种方法来进行劝解，效果可能会好一点。如告诉对方正视并坦然面对和接受，告诉对方"你很紧张，你的确很紧张，但是不能因为紧张而无所作为"。总之，要让对方意识到这是正常的紧张情绪，很多人在某种情境下还会比这更紧张。每个人都不要和自己内心不安的情绪相对抗，而应积极去体验它、接受它。

这种时候，你甚至可以试着教对方"和自己的紧张心理进行一次对话"。如问自己这样紧张的原因、自己所担心的最坏的结果可能是什么样的。这样一来，这种紧张的情绪就能被你接受，从而坦然从容地应对，有条不紊地做自己该做的事情。

应引导对方进行自我克制

紧张是一种特殊的情绪，只靠他人的引导没有办法完全消除，最适合的方法还是要靠自己疏导。否则，别人再努力也是无济于事。众所周知，帕瓦罗蒂是世界著名的男高音歌唱家，他一生在世界各大剧院演出多达 379 场，但他有一个非常不好的习惯可能大家并不知道，就是每次上台前他都要大吃一顿。据说，他这样做是为了缓解内心无法克服的紧张情绪。久而久之，胡吃海喝的习惯就被他养成了。他的父亲也有着非常好的高音天赋，但其终身无缘舞台的原因就是因为他始终没有办法来克服自己害羞的弱点。这说明，克服紧张感还需要从自我做起。下面简单介绍几种克服紧张感的方法。

1.自我放松。紧张的时候要学会让自己从紧张情绪中解脱出来。如去想象某种可能出现的危险情景，让最可怕的情景最先出现。然后慢慢想到整个过程，逐步克服焦虑。

2.自我反省。有些紧张是这样产生的：人心理上的某些情绪，特别是消极情绪，在被过分压抑后，表面上这些情绪消散了，但其实它们并没有消散，而是转而归潜于无意识中。这就是心理上莫名其妙紧张的原因。要想彻底消除这种紧张，就必须进行自我反省，将潜意识中的情绪发泄出来。

3.自我刺激。有些人紧张时大脑会胡思乱想，从而坐立不安，痛苦异常。这个时候，可以采用自我刺激法，将自己的注意力转移。如在胡思乱想时，找一本有趣的能吸引人的书来读，或从事紧张的体力劳动等。

4.自我催眠。情绪紧张的人往往很难入睡，或常常突然从梦中惊醒。此时你可以进行自我暗示，给自己催眠。如可以数数，或者用手举书本读等方法，以促使自己尽快入睡。

【读脸术】 年轻女孩子也经常会出现轻咬下嘴唇的这种表情。当然，这并非单单因为紧张，而更多的是羞涩和不满。如大多数女孩子在生气时会转过头不看你，并不会和你去争辩。此刻，她一定在咬着自己的下嘴唇，希望通过这一动作来宣泄自己的不满。

抿紧嘴巴：我现在比较烦

现实生活中，那些很少说话或说话支支吾吾的人经常会出现抿嘴的动作，有的人甚至每说完一句话都会下意识地做出这个动作。“这只是一种坏习惯”，或许你会这样认为。其实并不是这样。这是内心坏情绪的一种表达，行为主体内心的烦躁不安和不耐烦正在被充分地表现出来。如你因为在听一堂枯燥无味的课而感到百无聊赖，你因为在和一个自己并不喜欢的人聊天而感到兴致全无。这时，你往往正在做这个动作，只不过你自己没感觉到罢了。试想，如果一个人兴致勃勃地在和你聊天、谈话，他是不会出现动不动就抿自己嘴巴的动作的；相反，他要将内心的喜悦和高兴通过嘴巴表达出来。因此，抿嘴巴这个动作可能是对方不愿意和你交流或是对你所谈的话题不感兴趣的标志。我们来看一个案例。

一天，某机器设备制造厂的销售人员季然去拜访客户，并要向客户介绍最新的一款产品。当他来到客户办公室时，发现客户正在网上浏览自己公司产品的相关图片。“这是一位潜在客户”，他立刻预感到，至少证明对方有这种需求。

于是，他向客户礼貌地打招呼，并开始介绍自己公司的产品。但让他意外的是，他刚开口就遭到了对方的拒绝：“我很忙，改天再约吧，抱歉!”

季然忙说："我只需要占用您三分钟的时间，花三分钟介绍一下我们的产品。"说话的同时，季然将几款样品图片迅速拿出，开始进行介绍。客户此时表现得很不耐烦，抿着嘴仍在电脑前浏览那组图片，对季然的介绍好像一点也没有听进去。最后，他只是将办公桌上的资料用眼角余光很随意地扫了一下，然后说道："回头我再看，先放这儿吧。"

季然看到客户仍不感兴趣，只好勉强挤出一丝笑容，与客户说再见。就这样，这次拜访以失败告终。

上面例子说明，用力抿嘴是一种不耐烦的情绪表现。当一个人内心充满不满、厌烦或者敌意，但又不能完全释放出来这种情绪时，其就会通过抿紧嘴巴表现出来。做出这种表情的人貌似很平静，其实内心活动剧烈得很。其就像一匹烈马，太过急躁，但又时刻受到控制。行为主体的内心是热烈且亢奋的，但因受到外在因素的制约又不能将这种情绪发泄出来，所以常常用力抿嘴，将这种情绪压制下来。因此，抿嘴这种动作还略带些攻击的意思。一旦这种人情绪失去控制，举动就可能会有过激表现。

所以，你在与人交流时，假若发现对方用力抿嘴，你就应该知道，此刻不耐烦的情绪可能在对方内心产生了。遇到这种情况，一不小心就有可能激怒对方，但又必须面对。那么应该怎么办？让你有效获得对方的认同和理解，以下几个方法或许可以做到。

请对方重述刚说过的话

假若发现对方在倾听你说话时没有集中注意力，你千万不要说"我注意到你一点儿也没有在听我说话"，而应该试着转一下话锋，如："我不知道我是否解释明白了，你能重述一下吗？"这样做的目的是引起对方的注意，将他们的注意力重新拉回到刚才的话题上来。这样的经历每个人都有过：上学时，老师在课堂上讲课，我们却“开小差”，老师的话完全成了“耳旁风”——这个耳朵进，那个耳朵出。这时，老师会将你叫起来重复其刚才的话。也许你重复不了，但接下来你肯定会认真听讲。

问一些开放性的问题

自说自话是人和人之间交流最大的忌讳。一方自己在尽情地说，而另一方却听得心不在焉，无精打采。交流要形成互动，只有互动起来才能使效果达到最好。在谈话时，多向对方提一些开放性的问题（开放性的问题指的是不能用“是”或“不是”来回答的问题），应该是目前使交流形成互动最好的办法。当你向交流对象提出意见时，不要只向他们说出你所做的决定及做出这一决定的理由，而应该根据事实一条条地写出来，提供几个可以选择的决定给他们，选用哪一个让他们来决定。假若他们没有经过认真的思考就做出错误的选择，此刻你就完全可以和他们讨论各项选择分别有哪些优点和长处。这样一来，他们就不可能再心不在焉地来应付你了，会认真地听你说话。

要简洁明了地表达

经验证明，谈话的中期和后期会经常出现用力抿嘴这种表情，也就是说，在谈话刚开始时很少会出现这种状况。这是因为谈话者起初的精力较集中，注意力最专注。谈话的时间越长，其滋生厌烦情绪的概率越大。

因此，那些说话比较啰唆、不能很快谈及话题要点的人，会很容易被人冷落。因此，在与人交流时，为了避免对方不耐烦，就要把话说到点子上，尽快步入正题，简明扼要地将你的想法表达出来。

【读脸术】 上下嘴唇若是轻轻地闭合，则没有不耐烦的意思，相反，这表示对方的内心此刻十分平静，和谐安宁，端庄自然。当行为主体正在欣赏一幅山水画，或正在想念一个人时，其嘴唇往往也是闭合的。行为主体的嘴唇与紧闭的双唇不同，其闭合得很自然，一点也看不出任何用力或撇嘴、咧嘴的小动作。

嘴唇全开：哦，我的天啊

当你突然被关进伸手不见五指的黑屋，当你突然发现自己站在万丈悬崖边上，当你看到猛兽突然向你冲过来……此时，你会露出什么表情？肯定是瞪大眼睛，张大嘴巴，并伴随着撕心裂肺的尖叫，等等。这时，嘴巴有一个表情非常明显，即张开并向四周扩展。这说明人在受到惊吓时，嘴唇会全部展开。

在受到惊吓时，人就会下意识地张大嘴巴，而且这完全是不受控制的不自觉动作。在公众场合，有的人出于礼貌，也许会有意识地隐藏这种貌似不够淡定从容的动作，但即便是这样的“高人”，在那种突发的异常紧张的情况下，也很难做到滴水不漏。因为，这是人主观意识和潜意识共同作用的结果，人在突然受到外部刺激时，主观意识就会给潜意识发送一个暗示信号：“这是个很可怕的东西!”于是“害怕”这种心理就在人的潜意识里形成了，进而出现被“吓一跳”的行为动作和生理反应，最明显的动作和生理反应之一就是张开嘴巴。

如你的背后突然有人跳出来，你肯定会被吓一跳。在此过程中，你也许知道有人来了，但在明知有人来的情况下还是被吓了一跳，则说明是你的主观意识告诉自己被“吓了一跳”。这是主观意识传递给潜意识，进而带动肢体与生理上的一系列反应。

我们在现实生活中会经常遇到带有这种表情的人。在孩子受到惊吓时，在成人无意中看到血腥的场面时，他们都会做出这种表情。更严重的是，这种惊恐、残暴的场面往往给受害人带来诸多消极影响，若处理不好，会长期在他们心中留下阴影。因此，我们必须重视起来，若这种表情出现在自己的家人、朋友身上，我们要给予其最大的支持和帮助，以帮助他们尽快将这种由惊恐带来的负面影响消除。

在社交活动中，不要轻易做这种嘴部动作，除非出于沟通的需要。嘴唇半开的动作也要尽量少做，因为嘴唇半开含有疑问、奇怪、惊奇等意思。

假若这种表情出现在和你交谈的人身上时，我们应该按照以下两点去做。

当看到对方无意中出现这种表情，应立即将对方注意力转移

人在正规的社交场合一般不会出现这种表情，因为这是非常不礼貌的。但假如你偶尔看到有人有这样的表情，那肯定是当时在场的某人或某物将其吓到了。此时，你要重视起来，前去查清原因，仔细询问。然后，尽量将对方的注意力转移，让其没时间去好好琢磨那件可怕的事情。一定不要去议论、猜测，甚至迁怒、谩骂出现这种表情的人，这样只会使对方的心理负担加重，使其出现更加紧张的消极心理状态。

当看到幼儿有这种表情时，父母要给予孩子更多的安全感

还有一种情况：孩子有时候也会出现这种表情，尤其是当他们在看到残暴、血腥的突发事件时。这必然会对孩子产生消极的心理影响，严重的甚至会导致孩子成人后有精神障碍。如果孩子看到了突发的惊恐、残暴事件，因为他们没有自我回避的意识，必然会使其产生惊恐的心理，很自然地会通过面部表情反映出来，如大哭、烦躁和不安，等等，这其实是在告诉他们的家长：“我害怕了”“我被吓着了”。随着时间的流逝，残暴的场面也许会在生性开朗的孩子心中慢慢忘记，但也有一些孩子仍然会时不时想起昔日那个恐怖的场面，记忆挥之不去，导致他们害怕接触陌生人。此时，父母要努力帮助孩子淡化这段创伤记忆，使其尽早忘掉。

帮助受到惊吓的孩子时，应多给孩子一些保护，给孩子更多的安全感。如多接近他们，多爱抚他们，避免让孩子一个人待着。

【读脸术】 嘴巴张得很大，表示此人受到了极大的惊吓，但不能根据这个表情孤立地去判断。假如是因为惊恐，不但有嘴部动作，往往还伴随着瞪眼、竖眉、尖叫等。而且受惊吓的时间长短不一样，这些表情的表现形式也就不一样，受到的惊吓越大，夸张程度越大。所以，在对一个人是否受到惊吓进行判断时，要根据他面部的多种表情来综合分析。

打破谎言　还原真相

下巴的门道——这些猫腻真让人意想不到

下颌俗称下巴，是人发声与咀嚼的主要器官之一。下巴从解剖学的角度来看，主要由下颌骨到颧骨一系列带有些许棱角的骨骼组成。但从心理学角度分析，一个人的性格能根据下巴的形状推断出。如尖细的下巴表示神经质，多肉的下巴显示着养尊处优等。实际上，一个人的内心状态都可以通过下巴的动作以及与四肢的配合动作上反映出来。所以，在社交活动中必须留意下巴的动作。

用手托下巴：我真是受够了

我们在现实生活中会经常看到，有的人在听别人讲话听课或听演讲时，做出手握拳或食指竖立支撑着下巴的动作。有人认为这说明对方听得入迷、投入，实际上恰恰相反，这是一种厌烦情绪的表达。一个人之所以会不自觉地做出这样的姿势，是因为其虽然对眼前人或者所谈论的话题失去兴趣、心生厌烦，但碍于情面不便于直接拒绝，故而如此。

如公司领导或培训师在培训员工时，发现很多员工都是一手托着下巴，一手敲击着桌面，或者用脚不停轻叩地板。董事长在做报告时，虽然报告冗长无趣，但很多中层管理人员却是一副饶有兴味的样子，仔细一看，便可知道原来他们是用这个姿势伪装出的虚假表情。其实，这种表情是厌烦、急躁的表现，对方有没有在认真地听讲，对有经验的培训师来说一眼即可看出。

换一个角度，当你有一天在台上演讲，假若看到很大一部分人在台下做出托着下巴、敲着桌面的动作，那么你就该及时采取应变策略，重新将那些听众的注意力给吸引回来。

假如对方脑袋耷拉着，下巴被手支撑着，这说明厌倦情绪已经在他们心中产生，用手作为支撑就是为了不让脑袋继续低下去，以免太失态。把握着的手放在下巴或者脸颊处，也是心生厌烦的一种表现。随着行为主体厌烦情绪的累积，这个表情会发生变化。心理学家研究表明，厌倦程度与手臂支撑下巴的程度相关。随着厌倦感的袭来，原本轻挨着脸部的手腕渐渐成为头部的有力支撑。假如行为主体只用一个大拇指撑着，说明厌烦情绪较轻；假如行为主体握拳支撑下巴，说明程度较重。当主体甚至用手掌将脑袋完全托住时，说明其内心已极度厌倦。假若主体用两只手一起撑着头，有时甚至会鼾声大作时，毋庸置疑，这是史上最为厌倦的情绪表现。

当说话人的话题开始在对方内心失去兴趣，然而对方出于礼貌又伪装出感兴趣的样子时，这个手势就会悄然发生变化。那么，当对方做出这种表情被我们看见时，我们该如何应对呢？

在演讲时发现听者手托下巴，不妨让听众与你互动

这种手托下巴的动作会对人们的情绪造成影响，而且时间持续的越长，对情绪的影响就越大，人们心中的厌倦情绪从而会更强烈。因此在演讲时，演讲者看到听众出现手托下巴的姿势，必须要马上有所行动，或是改变方式，把听众的注意力重新吸引过来，回到正在进行的话题中，或者是中止自己的发言。

我们推荐一个简单的方法：随便递给对方一样东西，巧妙地让其改变自己的姿势。对方的态度会因此而发生转变。

在众人面前发言，你在阐述观点的同时不妨对听众仔细观察一下。你会发现，大部分听众在听的时候，会把一只手置于脸颊旁边。这意味着厌烦的情绪此时有可能已在他们内心产生。这时你可以采取这样的方式，让听众参与到你的演讲中以形成互动。如请求听众对你的观点提出意见和建议，此时他们往往会将消极的情绪停止，转而用手抚摸下巴。这一动作反映出他们正在考虑如何做的心理。

当谈话时发现对方手托下巴，要及时重申自己的观点

当行为主体的厌倦情绪达到非常严重的状态时，离开是其非常有可能的选择。假如双方正在谈话时对方用手抚摸下巴，那么很有可能，对方在否定你的谈话，或者是想让谈话提前结束，此时冷静地观察就是你最应采取的策略，以努力捕捉对方肢体语言所传达出来的信息。如听众在抚摸下巴后，双腿和双臂交叉，或是后背紧紧地靠椅背贴着，那么说明对方很可能是要提出反对的意见。那么，你借助准确的预判，就可以抓住机会抢先发声，将自己观点中最有说服力的部分进行重申。如果等到对方已经提出反对意见你再进行申辩的话，那双方会更加难以达成一致。

假如听众在做出抚摸下巴的动作之后，前倾身体，舒展双臂，或者拿起了你提供的材料，那么说明他极有可能会给出肯定的意见。你完全可以将对方的这些动作视为其对你观点的认可，不妨继续发表自己的见解。

【读脸术】 大量的用手接触脸颊和下巴的身体语言，可以揭秘他人的心理状态。很多人常将这些姿势误认为是对方听得入迷的反应，其实不然。根据大拇指支撑头部的状态，就可以判断倾听者内心的态度。假如人们只是将手轻轻地靠在脸颊上，而并不是用来支撑头部，那么这就是真正感兴趣的表现。若人们这时竖起食指来挨着脸颊，同时将大拇指抵在下巴底下，那么这就是听者的内心产生了和说话人不同甚至相左意见的表示。有时候，随着听者不断“发酵”内心的异议，其可能还会用食指对眼睛进行摩擦。

嘴唇带动下巴抽动：我很尴尬

在与人交流时，若对方经常地向上抽动嘴巴，则其很有可能是遇到了什么尴尬的事情，或者你说的某句话、做出的某个动作让对方感到不舒服。

一对青年男女第一次约会，男生一见到女生就向其谈起了自己喜欢的篮球以及篮球运动员的话题，特别是他崇拜的球员科比。他滔滔不绝、口若悬河地谈论着湖人队的比赛，而完全不顾女生的感受。其实，这个女生对于篮球可以说是一窍不通，但为了让场面不至于太尴尬，她仍然耐心地听对方讲着，还时不时地插上几句。但一个小时后，女生逐渐失去了耐心，因为她对于这个话题实在不太了解，无法和男生形成有效的交流。她在椅子上开始挪动身体，嘴巴欲说还休，偶尔还抽动几下下巴。可男生似乎并没有注意到女生的反应，依然在自说自话。最终，女生找了个借口离开了。

男生完全没有顾及女生的感受，令女生很尴尬，是这场约会失败的根本原因。女生的肢体语言显然已将自己内心的情绪表现出来，但由于男生的粗心或者是其根本不明白这种肢体动作的含义，最终导致彼此的谈话无法继续进行下去。

下巴和嘴唇的联系最为紧密，不论是说话还是咀嚼东西，下巴的一举一动都和嘴唇的闭合关系密切。嘴唇带动下巴向上抽动是尴尬表情的表达。通过观察学习嘴唇与下巴的连带动作，在与人交流的过程中，我们就可以判断自己的表现是不是到位、对方的心理状态是什么样的。

那么，在现实生活中，我们在与他人交流时该如何来应对其脸上的这种表情呢？一般地，我们可以从以下两方面做起。

当发现对方下巴抽动时，应巧妙地转换话题

在与人交流时，总是出现这种表情的人一般个性比较固执，一旦其需求你无法满足时，便会引发一系列的矛盾。此时，你要及时将他们的注意力转移，换到他们感兴趣的话题上来，这样，对方的不良情绪能在很大程度上得到缓解。

在与他人交谈前，你可以预先想想要讲的话，避免在谈话时中断而使场面尴尬。若对方不感兴趣，不要强迫人家接着听，也不要勉强对方伪装成对你的话很感兴趣的样子。假使对方提出一个话题，而你完全不想接，你也不必将抵触情绪急着表现出来，不如将对方热衷的话题巧妙地转换到一个让双方都感兴趣的方面上来，如此甚好。

当发现对方下巴抽动时，应适当地说些恭维话

当人处于尴尬的场景中时，行为主体自己是无法及时转变过来的，借助外力脱困是他们此刻非常需要的。否则，会因为行为主体自己的紧张情绪而使整个交流的效果受到影响。此时，如果你能向对方说一些赞美的话，适当地向其恭维一下，行为主体内心紧张的情绪将会得到缓解。

【读脸术】 赞美对方、说恭维话时，要因人而异。人的素质良莠不齐，能力高低不同，年龄也有长幼之分，因此，恭维别人的时候要

区别对待。要知道，程式化的赞美收到的效果当然不如有着眼点的赞美收到的效果。对于年长者，适合谈谈他们自豪的过去；对于年轻人，赞扬他们的创造才能和开拓精神会较好；对于生意人，可赞赏他头脑灵活、生财有道；对于位高权重的人，可赞赏他领导有方、政绩卓著……一切要依据事实说话，不要带有任何的虚情假意。

眼睑下垂、下巴上扬：你已经惹恼我了

现实生活中，我们在与人相处或者交流时，常会看到对方出现眼睑下垂、下巴上扬的表情。很多人在看到这个表情后会很不高兴，认为自己的讲话对方并没有在集中注意力听。如当你的朋友在你兴致勃勃地讲旅游归来的心情时，对方却露出了这种令你扫兴的表情。此时，虽然朋友没有明确表示反对，但对方此刻的表情已表明了态度：“你所说的话我一点也听不进去。”

心理学家研究发现，这个动作其实是一种愤怒的表情，说明对方不高兴。对方不感兴趣的有时不仅仅是你说的话，有时候还可能是因为你的话刺激到了对方，令其内心不悦。假如你是一个有心人，你就会发现，当两人意见不合或者发生口角之时最容易出现这种表情。这充分说明一个问题：你已经惹恼了对方，你所讲的话或所做的事令对方不满。

对方呈现眼睑下垂、下巴上扬时，说明对方正在生气，此时，积极沟通、消除误会是最重要的。当然，假若时机尚未成熟，有时候继续对

话不仅无法消除对方内心恼怒的情绪，甚至还会加深彼此的矛盾。许多恋人出现矛盾时，一方急着找另一方沟通："来，我们把话讲清楚！"可假如对方此刻没有共识，你这样做只会让其觉得你是急着要吵架。最典型的回应是："对不起，这件事我现在不想谈！"接下来，彼此都会更加生气。沟通的必要由此可见一斑，然而，沟通的难处也不容小觑。所以，我们在沟通时一定要掌握相应的技巧。

当发现对方眼睑下垂、下巴上扬时，应及时平息对方的怒气

俗语说："隔夜茶难喝，入口即伤胃。"生气也是如此，一定不要在心头放太长时间。若没有完全消除当天的怒气，带着误会睡觉，不但不会睡好，第二天醒来时负面的情绪还会加倍。当发现对方生气后，及时向对方解释清楚、消除误会应该是最有效的方法。

当两人在谈话或者相处的过程中产生误会、发生矛盾时，双方心中肯定都会充满怒气。但假如你看到对方出现眼睑下垂、下巴上扬的表情，说明此刻对方不仅心存怨气，还对你有很深的误解。你应该有些风度，及时地向对方解释清楚，以解开对方心中的疙瘩，避免留下阴影，影响双方日后的交往。

对暂时无法解决的问题，要等对方冷静下来再议

双方的误会最好是能够在当天解释清楚。但当沟通的条件尚未成熟，对方不愿意有进一步的互动时，进行勉强的沟通只能让情况变得更糟。如你和伴侣产生了误会，对方心里非常恼怒，对你积怨很深，试图解释的你遭到对方无情地拒绝。此时，你不如这样告诉自己："等对方冷静下来之后再说吧！"

当发现对方正在气头上时，我们可以先容对方冷静一下，然后再寻

找机会进行沟通，要知道欲速则不达。沟通不能仅权衡自己的观点，还要顾及对方的感受。如果沟通得很勉强，就无法达到想要的效果。

【读脸术】 我们在对方生气的时候应该积极地进行沟通。沟通不能消极地“顺其自然”，而应是一种积极的行为。我们可以使自己的耐心增加，让沟通所需的时间增加，但却不能消极等待，以为时间真的可以替双方说明一切、可以消除彼此的误会。生气，不可能像美酒一样越放越醇；澄清，虽然不必着急于一时，却还是越早越好，彼此的关系才不会被误解越埋越深。

下巴水平前伸：我真想揍你一顿

向前突出和往里收缩是下巴常做的两个动作。其中下巴伸向前方是人在愤怒时往往会做出的动作，这个动作表现出强烈的攻击欲望。我们在打架双方互殴前会经常看到，双方都会做出这样的动作。

在现实生活中，艺术作品往往也有这方面的寓意：为充分表现攻击性较强的人物的形象，艺术家常常会夸张地表现其下巴。如翘着下巴的“山姆大叔”，其飞扬跋扈的性格因为下巴上的一绺山羊胡子而更加突出。无独有偶，希特勒是曾经建立德意志第三帝国的大独裁者，他也曾留过短髭，他那矮小的身躯被短髭衬托着，越发显出其攻击欲望的强烈。

下巴跟胡须虽然没有直接的关联，但是不难看出，不自觉地突出自己的下巴的人往往是攻击欲望强的人。他们有的还留起胡子，以满足自己那种“受人追捧、强烈求胜、扩展欲求”的欲望。从外表上来看，蓄留胡须似乎是为了彰显男性美，其实它是在表现某种性格。这些人都有“显示自我威严”的潜意识。除了这一类人，普通人处于发怒、争吵等不良情绪中时，或出于保护自己的意识，经常也会迸发出强大的攻击力，将下巴伸向前方就是其最明显的特征。这也可以看成是行为主体想将自己的愤怒情绪“抛”向对方的一种表现。因此，在与人交往时，就要提防出现这种姿势的人，以防止对方的攻击对自己造成伤害。

攻击性过于强烈的人一般会惹人生厌，因此要对这样的人躲得远远的。假如因客观原因又必须和这样的人打交道，一般地，你可以采取两种方法。一是，若你的目标是“化敌为友”，那么就要“以柔克刚”，尽量化解对方内心的怒气，争取对方的认可；二是，若你只想“相安无事”，那么，“以不变应万变”就是最佳选择。你若能做到以上两点，化解彼此矛盾就会变得很容易。

当看到对方下巴向前伸时，应对对方的情绪进行安抚

突出下巴的动作属于攻击性的行为表情，时常有“真想扑上去狠揍别人一顿”的想法。往往在谈话双方意见不一、产生分歧，或激烈争吵时，会出现这种姿势。当你的言语或态度激怒对方时，或者说，你根本没有敌意，但对方却误认为会被你侵害时，对方立刻就会有这种反应。

星期一早上开公司例会时，主管要求大家发表自己对销售方案的意见。小李刚来公司不久，他客观地表达了一点不同看法，可提案人陈尘在他还没讲完时，就抬高下巴，阴阳怪气地说：“有的人刚来几天就想冒充专家，我觉得不应该随便让什么人都来参加这样的讨论！”小李一

时被气得语塞，不知道说什么好。

明明没打算与别人对立，却偏偏有人要专门站到我们的对立面去，向我们有一搭没一搭地“乱放冷箭”。在生活中，这种让人“想不通”的事情很多人可能都遇到过。这时候，有的人以牙还牙地回击这种蛮横无礼的人，有的人则敬而远之，无法和他们建立轻松正常的关系。实际上，若深入接触，并且适时地以柔克刚，我们就会发现：貌似强悍的外表之下，这类人通常有着比别人更为脆弱的内在。

当遭到“善意”的攻击时，一笑而过是较好的选择

有些人在做这种动作的时候，不是出于攻击，而是为了自我防御。这类人外表强悍，其实很脆弱、敏感，他们这样做并非真的想要对谁实施攻击、伤害，而是因为怕自己受伤，所以才会在感觉受到威胁的时候，选择“攻击”来对自己进行保护。所以说，理解和包容是与他们缓和关系的最佳办法，而不是对其反击或回避。

有时候抬起下巴的爱人会嘲笑你的不懂事、对你的古怪发型进行奚落，或者抱怨房间太乱等。此时你可能会很生气，但是一定不要认为他对你有敌意，因为这往往是一种善意的“攻击”。

【读脸术】 心理学家曾这样说，突出的部位，表明在有意识侵犯对方的势力范围。突出下巴是用来表现自我主张的工具。但是人做出这种动作，未必完全都是侵犯之意的表达。有时，当一个人压力很大，或者极度疲劳时，类似的动作也会在其身上出现。如码头上扛大包的工人、田间挑重担的农民，他们将下巴抬起是为了缓解疲劳。从人的生理角度来看，为了使呼吸更为顺畅，行为主体会做出扯直脖颈的动作。

下巴高扬：我是“天下第一”

在走路时将下巴抬得高高的，即人们所说的“高视阔步”或“趾高气扬”的姿态，这样的人往往是一个自满或者傲慢的人。大独裁者墨索里尼就喜欢用这种姿态走路，他当然是一个傲慢的人。下巴高扬的幅度越大，行为主体自满的程度也就越高。

如有意无意都在尽力抬高自己的下巴的人，通常有着“颐指气使”的态度、“把眼睛长到头顶上去”的姿态。采取这种姿态的人，他心中自认为高人一等，自己很明显地处于优势，所以很有把握地认为没有人会反对自己的主张。

行为主体下巴高抬，表示其十分骄傲、自我优越感强、自尊心强。其往往用带有否定性或充满敌意的眼光来对待他人。如甲在威胁乙时，就会高抬下巴，为的就是让乙认为他很强大。其实，在某些动物身上也有这个迹象，如猫、狗，它们在打架时就会将脊背高高拱起，毛也竖立起来，一副示威、唯我独尊的神态。

这类人狂傲自大，自视甚高，总认为别人都比自己低一等，对别人不屑一顾，一意孤行地做事，对别人的意见和建议很难采纳。这类人常见的心理特征就是骄傲自大，不论在社会中身处何等阶层，只要其认定自己在某方面具有某种优势，便会有这种高高在上的优越感，在和人打交道时总有一种心理优势。所以，下巴的变化在这种人身上表现得也尤为明显。

在商业活动中，我们经常会遇到这样的商人：优越感好像是他们天生就有的，对人颐指气使是他们的习惯，喜欢所有的人将其捧上天，时时刻刻围着他们转。而当销售人员在向客户推销产品时，由于客户处于主动地位，其常常也会表现出一种高高在上的姿态。

当看到对方下巴高扬时，更要表现出自己的诚意

非常注重自我感觉是这类人的特征，说白了其实就是一种自我优越感。面对这类人，我们首先应在心理上拉近和他们的距离，以最大的诚意来打动他们，从而使他们自动打开心扉。

然后，考虑问题要站在对方立场上，为其提供实实在在的服务。现在有很多销售人员不知道这一点，他们往往像客户一样，喜欢站在自己的立场上思考问题。可假如你想和这类人愉快交往，并实现更好的沟通，就一定要与其保持一致。

不要刻意攻击对方，有时还要对他们的心理进行迎合

遇到这类人，我们应该尽量减少攻击性的语言。在生活中，经常可以看到这样的场面：同行业里的销售员彼此用带有攻击性色彩的话语进行攻击，甚至有的销售员将对手说得一无是处，导致整个行业形象跟着受损。多数人往往因缺乏理性思考，所以会说出这些具有攻击性的话语，不管是对人还是对事的攻击，都会造成他人的反感。

多多交换意见，减少对立性

另外，还可以采用旁敲侧击法。具体的运用是：在谈话前，准备两种方式来和对方进行意见交换，一种是在谈判时直接将意见提出来讨论，另一种则是以间接的方法在场外与对方互通信息。一个谈判者可能一方面必须以决不妥协的姿态与对方交涉，而另一方面又必须在对方认为合理的情况下向其妥协。

【读脸术】 动不动就高抬下巴的人，是典型的骄傲自大的表现。我们在和这类人交往时，不能单凭着自己的情绪来做决定，而是要委屈一下自己，为对方留住这个“面子”，一定不可戳破。对方的这种心理优势要善于被我们“瓦解”，这样才会转化为交际的良性推动力。

下巴不断后缩：我非常怯懦，不太相信你

从外形上来看，充满了男子气概的男人往往身形矫健，给人一种坚强不屈的感觉。反之，下巴后缩的男人，给人的印象则是有几分懦弱，甚至猥琐。抛开相貌的话题不谈，下巴后缩作为一种常见的表情，也透露出一种性格上的缺陷。下巴后缩的人与高扬着下巴的人其心理正好相反，前者表明这个人懦弱，犹豫，决断力差，性格较封闭，疑心重，不会轻易相信别人。

某培训学校的招生代理高慧专门为各大企业培训专业人才。一天，她遇到了一位疑心很重的潜在学员。这位潜在学员拥有一家小公司，自任经理。他非常顽固，还表现出一副漫不经心的样子，说话时总爱将下

巴紧紧地收起来，缩向脖子。任凭高慧怎样讲解，他都无动于衷，言外之意是："你们学校有这资质吗?""我凭什么相信你的话?"

看到他的这种表情，高慧就知道这是个疑心很重的人。于是，高慧的态度此刻反倒变得强硬起来，对他不客气地说："您办公室的地板这么脏，办公桌这样凌乱，墙壁满是灰尘，还有您的衣服、您的胡子，看起来很久都没有打理过了。凭我的想象，这不应该是您做事的风格啊!"这位经理听到这番话大吃一惊，看着这位弱不禁风的女孩在自己眼前不卑不亢地站着，他满脸疑惑。

"请记住，对于不思进取、上进心不强的学员，我们学校是不可能接受的。现在即使你预交学费我们也不会接收。因为你不负责任、犹豫不决，要想圆满完成学业对你来说简直不可能。"

那位潜在学员眼睛瞪得大大的，往后缩着下巴，呆呆地坐在椅子上，没有再去反驳这些尖酸刻薄的话。逃避责任，无法做出决定——他的这些软肋不幸被高慧的话深深点中。

从人的心理层面来看，人在面对陌生的人或物时都会产生一定的疑虑。在与人交往时，假如看到对方不断地向后缩下巴，我们就应该明白，对方肯定是对你不信任，或者对你所说的话表示怀疑。此时，我们就要善于察觉对方的这种心理，以帮助对方将内心的忧虑消除，而不是继续盲目地交流，或者将自己的思想强行灌输给对方，否则会适得其反。

当发现对方向后缩下巴时，表示对方疑心重重

要想将对方的疑虑打消，用事实说话，拿出证据应该是最有效的方法。如你想说服朋友和你一起去做什么，就要明确地向对方告知你此行的目的，以及要去哪里，去干什么。这些都要一一摆在对方面前。你的

朋友了解了这些后，自然也就会自己进行权衡然后做出决定，而不是继续一味质疑了。

当发现对方后缩下巴时，要鼓励对方增强信心

一般地，在很多事情面前表现得犹豫不决的人往往性格软弱。犹豫不决是他们心里缺少安全感的表现。在交谈中，若发现对方出现了这种表情，你要对这种状况积极主动地去进行改变。首先要辨别清楚他们犹豫不决的原因，然后鼓励对方做决定。如你向客户推销某产品，一开始很多客户都会表现出犹豫不决，甚至直接拒绝你。而你作为销售人员，自然不能直接对客户进行指责，相反，还得鼓励他们，问："能否告诉我让您对我们的产品产生怀疑的原因?"或者："您刚刚提到的情况，说真的，我很少遇到。您能说得再具体一些吗?"这样的说法往往能消除客户心里的疑虑，引导其尽快做出决定。

【读脸术】 下巴向后缩除了其本身的含义外，若和手、腿等其他肢体相配合，还会传达出一系列新的含义。如行为主体在做下巴后缩的动作时，有时候还会伴随着摇头晃脑，或者面带笑容，一副得意的样子。这表示行为主体此刻心情非常好。人在扬扬得意的时候，下巴后缩的动作也会很容易出现。

下巴向下牵动：难道真拿你没招了

人在愤怒、生气时，都会做出下巴略向前、向下倾斜的动作，以示抗议和不满。但是生气到了极点时，你会发现对方的下巴会长时间地保持这个姿势。其实这时，对方的心情已经坏到了极点，已对眼前的你彻底失去耐心，无可奈何。如在生活中我们会经常看到这样的场景：两个人正在吵架，喋喋不休、破口大骂的无疑是强势的一方，而用这个表情来表达愤慨的就是弱势的一方了。

张小姐从当地某专卖店买了一台苹果的iPhone6S，可一个月不到手机就出了问题：在使用的过程中该手机多次出现死机的情况。为此，张小姐很是恼火。可更加令人恼火的是，她多次向店内反映这个问题，却迟迟没有得到专卖店的解决。

没办法，她来到客服部向负责人反映情况，但总是得到这样的答复："手机的问题只能通过网络反馈到技术部，故障只能由他们来排除，我们正在加紧给您处理。"

张小姐听后显得无可奈何，她此刻呈现出下巴向下方牵动的表情，气鼓鼓的。本来买手机是件开心的事，她还想带着心爱的手机去旅行，但没想到却遇到这种令人生气的事。没办法，张小姐最后决定对这家公司进行起诉。

上述例子表明，若在与人交流时看到对方有这种表情，应该预感到这种征兆不妙——至少表明对方已经开始在转变态度。倘不加以及时“挽救”，之前做的努力很有可能就要付诸东流。

下巴向下牵动，是释放内心消极情绪的一种表现。如过度悲伤、绝望、对未来失去信心等。当消极情绪笼罩一个人的内心，而其又短时间无法去解决时，行为主体往往会借由这种表情表现出来。可人在内心不满或者愤怒时为什么会下意识地出现这种表情呢？这与人的下巴、喉咙的生理构造有关系。因为人在说话时，声带震动必然会牵动下巴做上下运动；而人在内心充满愤怒的时候，会加速声带震动，下巴的上下运动也会随之加快。实际上，人在平静时，下巴也会做这样的运动，他人一般无法感觉到的原因是，此时这个动作的幅度要小很多。因此当你明显感觉到对方下巴向下牵动时，说明对方情绪已经坏到了极点，处于崩溃的边缘。此时你必须安抚对方，以让对方的情绪稳定下来。

稳定对方的情绪要做到：首先，态度要诚恳；其次，需要真心实意为对方着想，办实实在在的事，以解开对方内心的困惑。

态度要诚恳

态度问题是人与人打交道时最重要的。不论谁对谁错，只要你能在态度上做到诚恳，让对方能在心理上接受你，那么就没有什么太大的交流问题。更何况，对方出现这种下巴向下牵动的情况，大多是你有错在先。因此，你首先要将姿态放低，以让对方认可你，只要你能被对方认可，其自然可以接受你的观点，从而使沟通继续下去。

要切实地将问题解决掉

态度很重要，但最重要的还不是态度，而是拿出实际行动来。涉及对方根本利益时，假如你拿不出真正的解决方案，你仍然不会得到对方的认可。就像上例中的那位女士一样，把手机的问题解决掉是她真正需要的，如果不解决这个问题，即便工作人员服务态度再好，也不能从根本上解决问题，无法弥补女士内心受到的伤害。所以，千万不要忽视这一点，不管是推销产品，还是平时与人打交道，最重要的是将自己解决问题的能力加以提升，做到让对方真正满意。

【读脸术】　值得注意的是，当对方由于其注意力格外集中，对某物或你所说的话感到惊奇时，下巴向前伸、向下倾的动作此时也会在其身上出现。这时候这个动作就不再是表示无可奈何了。第一次约会时，若女孩对你做出了该动作，并且眼睛发亮、面带笑容，那么大多表示她对你非常有好感。这与无可奈何时下巴向下牵引的动作非常相似，所以，我们一定要在与人交流时注意分辨。

抚摸下巴：嘘，别吵，我正在沉思

我们在影视作品中经常看到这样的场景：古代教书先生给学生授课时，常常是一边踱步一边抚摸自己的下巴；小孩子在看大人做事时也爱将下巴托起……这些都表示他们正在进行思考，或者对当前的事情非常感兴趣。不仅现实生活中如此，在艺术作品中也常有这样的表现。我们都知道，雕塑《沉思者》是著名雕塑家罗丹的代表作，手托下巴就是这件不朽艺术品的标志性动作。不论是谁看了这个姿势，行为主体都会将其和一个沉思者的形象紧紧联系在一起。当一个人无意识地抚弄下巴时，可能是此人正陷入沉思。

汤姆是美国某钢铁公司的总经理，他劝合伙人约翰将一栋旧房子买下用作厂房，同时他指出："那座房子不但适合办公，还能远眺江景，两全其美。"约翰却当即表示反对，因为他认为该房子处于闹市区，并说出了自己的看法。但汤姆并没争辩，他只是认真地倾听。听着听着，他心里有了答案。他明察秋毫地感觉到约翰其实心里很想买那栋房，其嘴上说的并非真心话。汤姆是怎么知道的呢？因为他发现，约翰在对这栋房子进行分析的时候，右手一直托着下巴，这说明约翰在用心思考汤姆的提议。

事情的真相到底如何呢？讲了一会儿，约翰就不再吱声。他们都沉默地坐在那里，望向窗外，欣赏着窗外的美丽江景……

当一个人无意中采用手托下巴的姿势时，说明其对某事或某物表现出了极大兴趣。虽然其嘴上反对，内心也未必完全否定。所以，当你与他人交流时，千万不可因遭到对方的拒绝就此泄气，而是要观察对方手部和下巴的动作。假如其在否定你的同时表现出手托下巴的思考状，就说明你们的谈话回旋的余地仍然很大。

当看到对方正在抚弄下巴时，不要轻易去打扰

如果在与人谈话时发现对方正在抚弄下巴，就应该明白其正在认真思考。此刻你一定不要多问什么，静静地待在一旁也可以，仔细聆听也可以，让对方尽情地表达，这样才会给对方更多的时间进行思考。

当看到对方正在抚弄下巴时，要进一步引导

很多时候由于各种原因谈话的双方彼此了解甚少，甚至不了解。在

这个时候，对方不免会否定你或者对你提出的要求难以满足。假如你想进一步与对方交流，就需要对对方的心理加深了解。如当你提出某个要求时，如果对方出现下意识地抚摸下巴的动作，说明对方并不想拒绝你，但又处于犹豫阶段。此时你必须进一步引导对方去思考，使其认识到问题的关键在哪里。如你向客户推销某产品，可对方并不是十分了解产品，正在犹豫是否要购买的时候，你作为销售人员，首先必须进一步启发客户，巧妙地提出一些问题，通过与客户的一问一答，将客户逐渐引到自己的思路上来，启发对方去思考；或是让客户将自己的意见与看法说出，然后对症下药，逐渐找到目标。让客户真正认识到产品的优势，或是让客户切实地去体验一下，切实体验到产品的价值所在。

这种姿势除了人在思考的时候会出现外，当人以批判性的态度评价别人时，也会出现这种姿势；有的人还会下意识地将食指贴在脸颊上，而只用拇指将下巴托住，其他手指则弯曲着放在嘴唇与下巴之间。

【读脸术】 交流中出现这种姿态的人，其往往非常谨慎，思路也很严谨，并且伴有强烈的批判态度。那么，一样的是抚弄下巴，对这两种不同心态应如何区分呢？这就要结合着其他动作来看了。从身体语言学的角度看，这属于自我亲密的一种表现。当人处在丧失信心、不安、孤独、话不投机的尴尬处境中时，便会借着对自己头部、面部的触摸来掩饰心态、安慰自己。

打破谎言　还原真相

七

笑逐“言”开——你知哪个是真哪个是假

笑是人的一种生理本能，一个婴儿往往在出生两三个月时就会笑了。但在现实生活当中，人与人的“笑”变得不再那么单纯。有隐含意义的各式各样的“笑”也越来越多，如冷笑、嘲笑、怜悯的笑等。这样，就越发难以揣测人的本来面目。美国社会心理学家进行了一系列的研究和实验之后发现，微笑不单是脸部肌肉的一个动作，更能表露出内在情绪和直观表现出心与心亲密融合的状态。那么，不同的笑容背后，究竟隐藏着哪些微妙的心理变化呢？

眼角出现鱼尾纹：我的心情不错

脸上的眼尾、下眼睑、眉心、额头等部位，是常被表情肌牵动的部位。肌肤在受到牵动时会出现纹路，形成皱纹。很多爱美的女性之所以不敢开怀大笑，是因为大笑容易导致眼角出现鱼尾纹，而鱼尾纹会使她们看起来显老。

春丽将近 30 岁了，一大早洗完脸后，她突然发现自己的眼角竟多了几条皱纹。于是她自责起来：平时工作太过劳累。第二天她就到处去买眼霜、眼膜等护肤品。时间过去了半个月，但鱼尾纹一点也没减少，春丽为此变得忧心忡忡，不再像往日般那样开心。

很多女性和春丽一样，都会因为鱼尾纹的出现而使心情变得郁闷。可以理解女性同胞爱美的心理，但因此而变得不开心就得不偿失了。其实，开心一笑同样可以为你带来年轻美丽，正所谓“笑一笑，十年少”。而眼角的鱼尾纹，正是你心情愉悦的象征。

人在笑时，必然会显现出眼角的皱纹来，这是客观存在的。因为大笑的人下半部分脸的主导肌是由颧大肌来带动的，眼角在此强有力的收缩下自然会被向耳朵两侧拉伸，从而使眼角的肌肉提升并拉长。也有人将带有皱纹的微笑称为“友好的微笑”，因为假如你的笑是真正发自内心的，伴随着你的笑声必然会出现眼角外侧呈放射状的皱纹，这是心情愉悦的象征。

可见，若一个人向你微笑时没有出现皱纹，则说明其眼角的肌肉并没有充分作用，也说明这不是其内心情绪的真实表达。反过来想这个问题，交流中对方大笑时，其眼角皱纹越明显，越说明对方的心情愉快，同时也说明此人热情、友好。

展现你的热情和诚意

在与人交往时，当看见对方大笑眼角出现鱼尾纹时，千万不可认为这仅仅象征着衰老（当然，人随着年龄的增加，脸上的鱼尾纹的确会增多）。这更重要的是说明对方很快乐、很豁达。人际交往的基础是快乐，人际交往的条件是乐观。在和这样的人交往时，一定不要因为外表的缺陷而忽略对方，相反，你应该对对方更加重视，以更大的热情、更大的诚意去对待对方，使你的诚意能让对方感觉得到。否则，对方很可能会终止与你的交流合作。

沈庆是一家建筑公司的销售人员。一次他去拜访一位客户，这位客户开着一家餐馆，很健谈。沈庆注意到这位脸上总是挂着笑容的客户，最明显的特征就是笑起来的时候眼角皱纹会增多。沈庆心想，这可能是因为职业习惯所致，能遇到如此热情周到的客户，怎么着也比那些一脸冷漠的人强。对方的热情感染了沈庆，于是他也积极攀谈起来。这位客户从家庭到事业、从事业到人生，侃侃而谈。沈庆几次想转换话题，却没能找到机会插话。沈庆为了不影响客户的情绪，没有打断他的话，而是边认真倾听边与其交流。最终，两人不但成了生意上的合作伙伴，还在生活中成了好朋友。

善于表扬、敢于赞美

赞美是最能打动对方的一种语言。大笑时眼角出现鱼尾纹的人，生性开朗，交流时对人十分坦诚，从不会藏着掖着、拐弯抹角，有什么说什么。因此，与这类人交往时你会有十分轻松、毫无压力的感觉。假若你有这样的客户或者生意伙伴，那么毫无疑问，你是幸运的，可以说你不用费太大的精力就能与对方进行交流。唯一要注意的一点是，要对对方善于表扬、敢于赞美，将对方的优点讲给对方听。

赞美不等于奉承、拍马屁，只有真心实意地赞美对方，才会满足对方的心理需求，从而对方的交流欲望才能被有效地激发出来，收到意想不到的效果。要注意的是，赞美是一把双刃剑。如果赞美得不恰当，反而会适得其反，从而阻碍事情的顺利发展。所以，务必把握好一个度，是在赞美他人时一定要注意的事。

【读脸术】 眼睛是表情器官，眼角周围的皮肤细腻娇嫩，皮下脂肪较薄，弹性较差，再加上睁眼、闭眼、哭、笑时眼角都免不了要活动，所以容易出现皱纹。真实的微笑通常会在这里留下就像太阳的光线一样蔓延开来的深深的皱痕，这说明眼角的皱纹与人的心情变化关系密切。假如主体明明在笑，而眼部却没有呈现出带有皱纹的笑意，甚至也没有任何表情，那么这样的笑未必真诚，很可能不是发自内心的笑。

眼睛里没笑意：我的笑其实是挤出来的

笑的动作始终关联着眼睛，不管是大笑还是微笑。如果在交流中发现一个人呈现出眼睛没有任何笑意的笑，那么说明他有可能是在假笑，正所谓“皮笑肉不笑”。真正的笑不是仅仅将嘴角翘起那么简单、机械，而是由内心情绪外化而来。在商务活动或者特殊的场合中，很多人出于礼节上的需要，会采取这种笑的方式。虽然貌似在笑，但这不是那种发自内心的笑。说白了，这是一种表演式的应酬，人其实可以在任何情绪状态下都能“挤”出笑来。

人在笑的时候之所以有眼睛的配合，是由人的生理结构所决定的。眼轮匝肌与皱眉肌共同收缩，使眼睛闭合、双眉下压。这种天然的联动有着生理结构方面的原因，在大笑时，伴有剧烈呼气与周身的血液循环，同时会增加眼眶内毛细血管和眼球的压力。眼轮匝肌会因这种压力而被迫强力收缩，从而缩紧眼周围皮肤，如此就可以使部分压力缓解，有助于保护眼球。

在交流中，我们从一个人笑时的嘴角、眼睛、面部肌肉的动作等方面，就能分辨出对方的笑容真实与否。

事实证明，肌肉的收缩力度和笑的程度成正比，这样的肌肉运动是大笑过程中的一种自然反应。出于同样的原因，在大哭、打喷嚏、咳嗽时，类似的动作在眼睛部位也会出现。因此，通过生理分析可以看出，如果人真的在笑，其眼睛一定会动，甚至会闭合。若嘴在笑，而眼睛却呈现出貌似笑眯眯却没有闭合之情态，那么这肯定是一种笑的假象。

笑本来是很美好的，很多人之所以被假笑的表象迷惑，就是因为其分不清真笑和假笑，从而给自己的人际交往带来诸多障碍。那么，在与人交往时，应怎样来判断对方的笑孰真孰假呢？通常有下面的两种方法。

当对方对你笑时，你要注意看着他的眼睛

由于笑时会运用颧骨部位的肌肉，因此嘴在动的时候，会拉长眼睛周围的轮匝肌与面颊。而假笑时，因没有充分调动颧骨部位的肌肉，所以面颊的肌肉会显得很松弛，更不会眯起眼睛。因此，一个人在笑的时候，除了要看其嘴巴，更重要的还要看对方的眼睛。假如对方是发自内心的笑，那么其眼睛一定会"眉飞色舞"，并且有光亮。

在交流中，也会有这样的动作出现，一个人为补偿笑时眼睛没有任何动作的缺憾，从而使自己的假笑看起来更加真实可信，其颧骨部位的肌肉会层层皱起。

当对方长时间地对你微笑时，则为假笑

真实的微笑持续时间通常都保持在 0.5~4 秒，其感情的强烈程度取决于时间的长短，但一般不会超过 5 秒。总之，笑是非常短暂的，但假笑却能够保持 5~10 秒的时间，甚至会超过 10 秒。假笑之所以会比真笑持续的时间久，是因为假笑缺乏真实情感的内在激励，对何时结束自己的行为才合适主体往往无从知晓。

心理学家研究表明，任何一种持续的时间超过 10 秒钟的表情都有可能是假的。因此，在与人交往的过程中，如果一个人长时间地对你微

笑，或者微笑始终在其脸上挂着，那么，你一定不要被对方的假象所迷惑。这样的人要么是别有所图，要么是个“笑面虎”，要么是个笑里藏刀的人。

【读脸术】 对方是不是真心地在笑，可通过两点进行判断。一要注意看对方的眼睛，二要注意对方笑的时间的长短。嘴角堆着笑，但眼睛却没有笑意，而且时间持续较长的笑一般是不自然的笑、有目的的笑。但当主体有强烈的情感反应时例外，如人过于兴奋时，通常笑的时间也很长。所以，遇到这种情况还需要根据当时的情境详加辨别。

笑时撇着嘴角：我不坦诚，笑得也不情愿

人在微笑时，习惯嘴角向下撇，说明其性格内向，固执倔强，不善言辞，做事不够坦诚。如正好轮到小周这个周末值班，不巧他有事，就将这件事情交代给了同事，希望其能替自己值班。可同事笑着说明天刚好自己也有事，不能帮这个忙。同事在笑的时候一直向下撇嘴角，小周便明白这是同事在找借口拒绝自己，便知趣地作罢。

与这样的人交往，他们不会明确地告诉拒绝你的原因是最大的难点，而是在拒绝的同时给你一个假象，意在告诉你，我这样做是“迫不得已”，而不是不想帮忙。就像上例中的情景一样，对方没有直接拒绝，但是对方向下撇嘴角的笑容已经在告诉你对方不能帮你这个忙。假如你

是粗心大意的人，就不容易发现这一点。

虽然嘴角下撇是一种下意识的行为，但这种表情是某类性格的人所特有的。实际上，表情往往跟人幼年的生存环境有关，如某人受到其从小所接受的教育的影响，被潜移默化地“植入”了一种性格，那么在日后的人际交往中，其就会习惯具有这种性格所具有的表情。

一般地，人在笑的时候为便于将心中的喜悦释放出来，都会将嘴尽情地张开。而在笑时嘴角向下撇的人，其内心明显并不是真的喜悦。这向他人无意中透露出这样的信息：此人笑得不情不愿，不够坦诚。通常有这种表情的人，内心除了不够坦诚外，还比较固执，一般很难被说服。

在与这类人交往时，要谨防对方“当面一套，背后一套”；要通过更深层次的交流来了解对方，以更好地保护自己。

如果对方笑时撇着嘴角，就不要再提要求了

在交往中，当对方撇着嘴笑时，说明其内心已经拒绝了你，但对方不会直接说“不”，而且总是笑眯眯的，目的是为了给你留下一个“好”印象。这类人通常不会直接拒绝你的某种要求，而是让你自己“知难而退”。

一天，保险推销员沈建去拜访客户，他对客户的表情有点摸不着头脑。当沈建向他推荐保险的时候，对方笑嘻嘻地说：“多年前我已经买过你们的保险，我知道得比你多。”沈建紧跟着说：“原来是老客户，那您现在还在继续购买吗?”客户：“如有需要我会联系你的。”沈建看到客户的嘴角向下撇着笑，尽管其表面上一副有话好说的样子，但沈建知道自己这一次又白跑了。

实际上，我们遇到这种情况时应该想到，客户或许是心中存在顾

虑。此时，你应该认真分析对方所说的话，而停止提出更多的要求。顾客的话即使是假话，你也要尽力为客户着想，站在客户的立场上，鼓励客户说出拒绝你的真正原因。只有客户拒绝的真正原因被你搞清楚了，你才能进一步与他交流下去。

寻找合适的机会，消除对方的戒心

这类人往往是有意拒绝你，他们不会轻易表露自己内心的真实想法。他们拒绝的目的是进一步试探，想通过拒绝来对产品进行更深入的了解，或者是态度保持观望，之后再考虑买或者不买。这时，你最好的应对方法是，激发出他们内心的这种需求，并加以强化，让他们意识到自己在这方面有需求。

心理顾虑是人的一种正常现象，销售人员一定要对其准确把握，而不是去激烈地申辩，甚至毫不理会客户内在的顾虑。与这类人接触需要一个过程，你在这个过程中要不断寻找合适的机会，以消除对方的戒心，激发出对方的兴趣，创造销售的机会。

【读脸术】 嘴角两端用力往下撇的人，往往有着郁闷的心理。其嘴上虽然带有笑容，但却是一种“愁容”。他们这样表现的原因是，不想让更多的人知道自己内心的忧伤，或者是不想将自己的痛苦转嫁给别人。也许这种人十分善良，他们宁愿默默承受所有的痛苦，也不愿让别人替自己分担。也正因如此，愁容才会总是布满他们的面庞，本来很开心的事，他们往往也是一笑而过，且笑得极不自然。

抿着嘴笑：这跟我有什么关系吗

销售人员必须具备的一种能力是笑，它往往代表着热情、尊重和关怀。学会了笑，处理起人际关系来就显得很轻松。詹姆斯是美国密歇根大学的心理学教授，他曾说过："面带微笑的人，处理事务、教导学生、销售产品，做任何事情都显得更有效率。"但很多时候，笑并非这样简单，如抿着嘴笑会让人觉得有疏离感和不自在，而不会带给人亲和、热情的感觉。

原因在于，习惯抿嘴笑的人大都有自视甚高、看不起他人、轻视他人的心理，而且他们毫不掩饰自己的这种心理。同时，这类人也不善于交际，不在意别人的想法，他们属于独善其身的人。因此，这类人往往摆出一副"不关我的事"的样子，他们既不会主动去接触别人，也不会主动去接近别人，并十分排斥别人的亲近。

这种类型的人爱对人笑，甚至会对见到的每个人笑，但其内在情绪无法通过这种笑释放出来。实际上，这是他们内心自大或自卑的反映。这种类型的人往往将自己封闭在一个相对狭小的世界内，不愿和人交流，交际能力差，在面对陌生人时他们往往很被动。

性格缺陷在这种人身上表现得十分明显，他们是那种无法适应交际场合的人，害怕与人沟通，不善于交际，而且他们的社交能力随着害怕与陌生人打交道而变得越来越差，与别人的心理距离也越来越大。

但是，假如我们见到抿着嘴笑的人，不要对对方的人格进行怀疑。他们的本性未必坏，只要得当地引导对方，他们会成为你非常忠实的朋友，或者是事业道路上最有力的支持者。

在生活中，我们应该用下面的方式与这种人相处。

及时洞察他们的内心世界，尽快调整自己的行动

这种类型的人最典型的特征是外表随和、内心孤僻。他们因性格孤僻而不愿意与人交流，但常常会将一丝笑容挂在脸上。所以，他们属于那种“深藏不露”的人，而且从不会主动表现出这种情绪。假如你是第一次与这类人打交道，那么对方的性情、脾气你绝对察觉不到。

如果你的孩子每天都对你笑脸相迎，但不是那种开心爽朗的笑，与你基本上是零沟通、零交流，那么此时你就应该注意了，注意观察孩子的心理趋向，看其是否有孤僻的倾向。除此之外，孩子心中的情绪无论是喜还是悲，你要善于引导其去释放，并充分地释放出来。如你应该每天抽出一定的时间和孩子进行沟通、交流；适当对孩子的交际圈进行拓展；通过讲故事、玩游戏等转移孩子的注意力；引导孩子多参加一些有意义的户外运动……这一切对孩子性格的改善都很有利。

总之，与这种类型的人打交道，必须及时、及早地洞察他们的内心世界，并不断根据他们的性格或兴趣来对自己的行动进行调整。

不仅要让他们笑出来，还要让他们说出来

这种类型的人因不善于表达，或者不爱去表达，为了掩饰表达上的欠缺，所以就借助笑容来“补齐”。但他们的这种笑容往往很难征服周边的人，而他们自身对这一点却根本意识不到。若我们发现了这一点，就应帮助他们改善与周围人的关系，不但要让他们笑出来，还要让他们

说出来，帮助他们主动与别人交往、扩大交往范围，特别是应注意帮助他们改善自己与亲友间的关系，满足他们爱和归属的需要，使家庭和集体的温暖能够涵括到他，使其心理上有安全感、生活上有舒适感，尽快消除戒备心理，进而融入正常的生活圈子。

有一个小技巧，可以在引导他们与他人打交道时收到较好的效果：交往可从易到难，圈子可从小变大，先让其同自己的亲人多多来往，再与亲人外的朋友交往。如从和某个同学交往开始，再到与这个同学的朋友交往……以此类推，让他们的交际范围逐步扩大，从而帮他们走出封闭，更新自我。

【读脸术】 通常，孤僻、不愿与人接触是抿着嘴笑带有的含义，但在某些人身上还有着另一层意思：自我优越感强。他们在与人交流时，毫不掩饰地表现自己，以达到炫耀自己这种优越性的目的，而且他们不谙人心，常无视他人的存在。

笑不露齿：其实，我内心是拒绝的

老师在礼仪课上总是这样教导学生：露出前排的八颗牙齿才是标准的笑。可是现实生活中，很多人都抿着嘴笑，以避免前排的牙齿露出。正所谓“笑不露齿”。很多人常将这种看起来很优雅的笑作为衡量女性的举止是否文雅的标准。女性笑不露齿，的确可以显示出她们的贤淑和端庄。但假如这种笑是出自于主体下意识的动作，而并非出于某些行为规范，那么这种笑还蕴藏着另外一个深层的含义：拒绝。

当一个人想拒绝你的要求或邀请，但又怕伤害到你时，往往会对你做出这种表情。实际上，这种拒绝没有恶意，往往还包含着对方拒绝你的歉意和内疚。

如你正在执着地追求一个女孩子，并对这个女孩子非常好。的确，你的诚意感动了这个女孩子，但是感动并不等于爱情，最终你还是被对方微笑着婉拒了。此时，千万不要认为这种表情是对方对你感兴趣的标志，相反，这是她在拒绝你，是有点歉意地拒绝你，你应该明了对方的态度很识趣地走开，否则，“无果而终”的结局会让你更加痛苦。

再如，在生意场上，当客户对某件产品或者某种服务不满时，他们不会直接将意见和建议提出，而是笑而不谈，且笑时只是微微上扬嘴角，不发出任何声音。这种拒绝的信号有经验的推销员都明白。此时，推销员要么直接将交谈终止，要么将原来的谈话方式方法进行改变，总之不能“原地踏步”。否则，就等于在与客户一块消磨时间，这样下去不仅不会取得任何进展，甚至还可能会彻底失去客户。

假如对方笑着拒绝你，说明已经没有回旋的余地了

一般来讲，板着脸、大声喝退你的拒绝没有笑着拒绝来得更坚决、更彻底，因为对方假如是带有生气情绪地拒绝你，说明对方当时很有可能是在跟你或者跟自己赌气，待情绪稳定下来之后，其会不会改变主意还不一定。但假如对方对你说“你走吧”“我们不合适”“我不会答应你的”等一类话时心平气和，那就没希望了。只有在对方经过深思熟虑后，才会对你拒绝得这样心平气和，这说明已经没有回旋的余地了。如一个成熟懂事的女孩子已经笑着对你的求爱拒绝了一次，你一定不要表

现你的“执着”。你应该绅士般的和她成为好朋友，否则，她会将先前脑海中对你的好印象一扫而光。

【读脸术】 在现实生活中“笑不露齿”很常见，它是千姿百态的笑中的一种。它往往出现在对方被你的热情、真诚感动后，是对你的一种善意拒绝。也正因如此，很多人将这种笑容理解成了接受和认可的意思，进而行动冒失、鲁莽。我们在与人打交道时，假如发现对方带有这样的笑容，就应该对其仔细辨认一番，然后三思而后行。

抬着下巴微笑：你懂我心里的优越感么

在西方国家，很多人都习惯抬起下巴，或者是倾斜头部微笑着与他人打招呼，以这种方式向对方表示友好。与之相反，在我国，抬起下巴或者头部倾斜着微笑极具炫耀意味，甚至暗含挑衅，被认为是一种具有强烈攻击性的动作，表示出极不友好的意思。

如某人在演讲时，抬着下巴微笑，前倾着身体，向两侧稍微张开双臂。一些听众对这种堂而皇之向众人炫耀的表情会很恼怒，进而对演讲者产生极度的不信赖感。从这个表情中可以看出，演讲者的发言说服力不强，而且众人很有可能会被激怒。在与人交往的过程中，我们总是会看见，当一个人尽量抬起自己的下巴，带着微笑，倾斜着头去看人时，说明其不同意某个观点或者无视对方的存在。所以，在与人交往中，假如对方在你面前出现这种神情，你要及时想好应对措施，因为问题会很棘手。

微笑往往源于快乐。人越感觉到快乐，颧肌主要肌肉群就会越强烈地收缩。但这个规律并非永远不变。有时，颧肌主要肌肉群在人感到悲伤、厌恶，或者在人带着炫耀意味的微笑时也会收缩，这时候抬下巴这个动作向他人传递的是炫耀自己、鄙夷他人，而不再是一种善意。一个人在抬起下巴蔑视对方时，通常是为了彰显自己的实力，或是炫耀自己比他人优越的地方。

将自己的姿态放低，让对方充分融入

我们在生活中会经常遇到这样的人：喜欢通过炫耀来将自己的身价抬高。和这种人打交道会让你感到很不舒服，并直接影响到双方交流的效果。但假如你有经验，通过采取一些应对策略，这种被动的局面可能就会被扭转。

最有效的方法是这样的：将自己的姿态放低，让对方充分融入，参与到谈话中来。他们将自己抬高其实没有什么恶意，只是一到了特定场合，就喜欢将自己的“特殊身份”和优势进行渲染，好让自己的头上多道光环，这表明其虚荣心很强。为了赢得他人的关注和重视，是他们这样做的主要目的。一旦你放低姿态与对方实现良好的沟通，再将自己的特色、魅力或优点适当地显露出来，你就不会再轻易遭到对方的轻视了。

对爱炫耀的人关键时候给予其适当的还击

我们说，虽然爱炫耀自己是带有这种微笑姿态的人的通病，但他们通常并没有恶意，因此，在与他们交流的时候要遵循“争取”的原则。

当然，有的人爱炫耀的本质就是带有很强的攻击性，对这部分别有用心的人我们要及时将他们看清。如他们在自己身上制造焦点好得到他人的关注，故意抬高自己、贬低他人是他们的目的。一旦没有得到别人的注意，他们在利益的驱动下，会编造所谓的“内幕消息”讲给他人听。为了显出自己高人一等，达到个人的某种目的，这类人甚至会做出损人利己的事情来。

如他们为蛊惑人心会在工作中传播某些“小道消息”，以让公司领导对他们高看一眼。通常因无法查证，这些“小道消息”容易被人相信；他们往往也能通过这些消息，抬高自己“与众不同”的身价。因此，一旦他们编造的“小道消息”被周围人所轻信，就会以讹传讹，进而伤害到谣言中的主角。所以，我们在生活中要尽量远离这类人，如果必须要和他们打交道，保持良好的心态是最重要的，并在关键时候给予其适当的还击。

【读脸术】 由以上的分析可见，在生活中有这种微笑的人通常有两种：一种是由于虚荣心而故意对自己进行炫耀的人；另一种是为了私利不惜牺牲他人利益、贬低他人的人。这两种性格完全不同，这两种人有着本质上的区别。所以，在与人交往中，要进行分析辨别，以做到有针对性的对待。

眼眸斜视的微笑：注意，我这是在嘲讽你

一天，某大型医疗设备制造企业的器械推销员吕晓杰与某代理商达成了一笔购买协议，但后来因为某种原因这位客户又反悔了。怎么办？吕晓杰决定宴请客户，以争取到这笔订单。但客户一直不肯接受宴请，经过吕晓杰的再三请求，对方终于同意赴宴。吕晓杰在饭桌上注意到，虽然客户嘴边挂着些许微笑，但他眼眸斜视、嘴角上扬，而且将一只胳膊始终靠着桌子，筷子朝下，一动不动，整体上给人一种“这种档次的饭菜我会稀罕吗”的神情，看上去很不随和。此时，吕晓杰才意识到，自己被这位客户从心底里瞧不起。

这种含有对他人的不满、讽刺的笑被称为冷笑。有的人在微笑时，带有很多如眼眸斜视、嘴巴上扬、下巴高抬等稀奇古怪的表情。实际上，在对别人笑的时候，不管你是否有意，假如有过多不必要的表情掺杂着，你的这种表现就会被认为是对他人的不尊重。事实也是如此。心理学家研究表明，这种眼眸斜视、嘴巴上扬的表情是在嘲讽他人。即便有些人一边做着这种表情，一边脸上始终挂着笑容，但这种笑也往往会被认为是心怀鬼胎的笑。

“骄傲自大，自视清高，自己高人一等，对别人不屑一顾，做事一意孤行，很难听进别人的意见和建议”，是带有这种微笑的人往往怀有的心态。非常注重自我感觉是这类人的特点，其实这种自我感觉就是一

种自我优越感。很多人不喜欢与这类人打交道，一见到带有这种表情的人，心中就非常不高兴。

在与人打交道时，难免会遇到这类人。然而，“我们不能根据自己的主观意愿来随意选择社交对象”是人际关系的处理原则，所以，就算你不喜欢这样的人，但在特殊场合，如在工作和业务中，我们还是得去面对。其实，与这样的人实现良好的沟通也不难，只要能掌握住以下的沟通技巧，往往能收到较满意的效果。

主动示弱，更容易获得对方的认同

有的人之所以会在微笑时眼眸斜视、嘴角上扬，是因为他们心中存在一种“强势”心态，在与人交往的过程中，他们总是喜欢“高高在上”的感觉。其实，他们很多时候确实在某方面具备优势。正因为这样，我们在与他们进行交流时，要特别对他们的这种心理进行照顾，有意识地认可他们的想法、称赞他们的做法，引起心理上、感情上的共鸣，拉近双方的距离，用最大的诚意来打动他们。

适当地向强势的人示弱，更容易获得对方的认同。示弱是人际交往中一种重要的策略，人们受自尊心的驱使，总是对自己的缺点与短处讳莫如深，不甘示弱。然而，假如能巧妙地对“示弱”加以运用，它反而会帮助你赢得成功。恰当地进行“自贬”，有时反而会出奇制胜。

【读脸术】 通过以上的分析可知，有这种微笑的人通常非常强势。在和这类人交往时，适当示弱是一种较好的交际策略。但这里的“示弱”仅仅是一种交际方法，目的在于以退为进，通过示弱赢得成功才是最后的目标，而并不是去巴结奉承对方。无论示弱以何种形式表现出来，都要以强劲的实力作为后盾，否则只会弄巧成拙，从而影响交流的效果。

双眼微眯的微笑：小心了，我正在算计你

有着“读脸专家”美誉的美国社会心理学家琳·克拉森，对性格与面部神情的关系有颇多研究。此外，她还曾进行过大量的相关试验。琳·克拉森曾得出一个结论：面部表情，尤其是眼神的变化，能将一个人的所思所想透露出来。在交流中，假如对方听的时候眯起眼睛，仿佛在睡觉，嘴角还经常地上扬……那么你千万不要认为这是对方很乐意听你讲话的表现。正好相反，他此时心存狡诈，甚至可能图谋不轨。这种笑看上去很接近人们真正发自内心的微笑，令人真假难辨。

我们要特别注意这种笑，因为它暗含的意思最为隐秘。这种笑一般暗含着狡诈、阴险之意，是做了坏事得手后的笑，狡诈心理的表现之一正是双眼微眯。与人交流时，必须观察对方的眼神，从对方的眼睛中了解其心理。决定说什么话、什么时候说、什么时候停下来要根据对方的心理来进行，这是人际交往的重要因素。

对方微眯的双眼其实暗藏玄机

有个成语叫“目不斜视”。而当一个人不想和你目光对视时，最先表现出来的是对方的眼睛。眼睛微眯正是这样的一种表情。同样的道理，当一个人微微眯起眼睛时，说明他心中有其他想法，而且还可能是征兆不好的一种表示。

眼睛能为我们提供非常多的心理信息。假若别人睁大眼睛很专心地听你讲话，表明你的话对方很感兴趣；假使对方只盯着一处看，说明其比较保守；如果其好像有睡意似的眯着眼睛，说明对方根本没有将你的话放在心上，而是正在思考。

对方双眼微眯的微笑，你要小心了

双眼微眯暗含着狡诈，即便对方面带些许微笑，你也千万不要掉以轻心。在对方微笑的背后，也许内心藏着对你的算计。因此，当你看到这类人眯着眼睛看你时，你一定要提高警惕，尤其是当对方试图接近你时，你要学会巧妙地避开、远离小人。

【读脸术】 假如只是单纯地微眯眼睛的话，还不足以构成“狡诈”的论断，最重要的还是通过对方嘴角的变化来判断。当然，很多时候人在无法清晰地看东西时，也会微眯双眼，这是一种正常的反应。但假如主体眯起眼睛的同时，还带有嘴角上扬的表情，那么就说明此人有诈，你要记住“防人之心不可无”。

八

假伤悲——如此用心的忽悠要仔细辨别

喜怒哀乐是人之常情，其中悲伤是很典型的一种情绪。那么，人们通常以什么样的形式来表现悲伤呢？其实，眉毛、眼睛等都是人们表达悲伤心情的渠道，而哭是悲伤时最主要的表情之一。下至刚刚懂事的孩子，上至有七情六欲的成人，任谁都可能在悲伤的时候哭出来。然而，哭的种类也有很多种，在悲伤时有的人会默默流泪，有的人则号啕大哭。我们试着通过外在的表情来深入解读一下人的悲伤。

双眉下压：我的内心充满困惑和悲痛

生活中，一个人出现双眉下压的动作表示此人内心困惑不解，或悲痛愤怒。当行为主体无意识地显现出这种表情时，说明其内心正充满这些情绪。人的面部有时还会伴随着瞪大双眼、怒视对方的神情。如有的学生在听老师讲课时被某一题给难住了，学生则会出现这种表情。直到这个问题被老师进一步讲解清楚后，学生的这种表情才会消失，其眉毛也会随之舒展开来。

双眉下压意味着此人正被某事所困扰，或者遇到了麻烦。被厌恶、困惑、为难或焦虑等情绪所控制的行为主体的脸上经常会出现这种表情，这是人内心最真实的体现。当人悲恸欲绝、充满困惑时，不管是刚刚懂事的孩子，还是深谙人情世故的成人，这种微表情都会在其脸上自然地流露出来。

实际上，人在内心充满困惑时，双眉之所以会向下压与眼轮匝肌的收缩作用有关。上眼睑在此作用下会向下闭合，受到眉毛下压的阻力，同时又会向上提升。上眼睑皮肤在两股不同力量的作用下相互挤压，从而改变了上眼睑形态，形成一道重叠的褶皱。双眉下压，当上眼睑提升、下眼睑绷紧同时出现时，则会从眼睛中迸发出愤怒之火。眼轮匝肌与皱眉肌共同收缩造成双眉下压，纵向皱纹在眉头间出现。但额肌中部收缩，眉头被轻微向上提升，使整个眉形趋平，在内侧 1/4 处呈现扭曲向上的眉形。

在社交活动中，假如看到对方出现双眉下压的神伤模样，一定要注意：对方的内心此时或充满悲痛，或正被某事所困扰。因此，在与其交流的时候，以下四点是必须要注意的。

暂时闭口，做一个忠实的倾听者

很多人都经历过这样的事：处在气头上时只想尽情地将情绪发泄出来。在心里郁积的怨气经过短暂的"发泄"后，才会消除。因此，当你的谈话对象将自己的不快滔滔不绝地向你倾诉时，你最好做一个忠实的倾听者，静下来让对方将话说完，听听对方在说什么。

然而，有很多人在与人交流时却搞不懂这一点，尽管对方表现出内心非常的不快，但他们仍要与其争个高低，并制止对方的倾诉。要知道，靠争论是难以赢得带有这种表情的人的信赖与好感的。"倾听对方，并要态度诚恳、通情达理"应该是最好的方法。即使你不认同对方的想法，也要暂时闭口倾听，这样才会使对方意识到你对其的理解与认同，从而利于双方的后续交流。

控制声音和语调，换种方式和对方交流

美国心理学家曾提出这样一个观点：人在讲话时，降低声音、放慢语速可以在很大程度上缓解情绪冲动，淡化冲动紧张的气氛。因为当一个人内心悲痛时，会出现比较激动的情绪、激烈的语调，如果你在这个时候也采用同样的方式与对方交谈，彼此的矛盾势必会被激化。

因此，不论在什么场合，只要对方眉毛发生的变化被你看到了，就要有意识地对自己说话的声音和语调进行控制，换一种方式和对方交流。

换位思考一下，避免双方大动肝火

心理因素在人与人沟通的过程中起着非常大的作用。一般地，每个人都认为自己是正确的，对方必须接受自己的意见才行。实际上，如果你能在这个时候站在对方的角度，为对方设身处地地着想，就会避免双方大动肝火。

一位电脑公司的程序设计员和其上司因开发某一软件的价值问题发生了争执。后来，有人建议双方站在对方的立场上来进行交流，结果五分钟不到，二人便发现彼此先前的表现非常可笑。大家都会心地笑了起来，并很快有了解决的办法。

理性分析，对后果进行预估

当发生冲突时，先在内心对后果进行一下预估，想想自己的责任。假如能把自己“升华”成一个有理智、豁达大度的人，自己的不良情绪就会被有效控制住，从而缓解悲痛而紧张的消极气氛。电视剧《继母》中有一个这样的场景：当年轻的继母看到孩子有意和她作对而搞恶作剧时，其在伤心、气愤的情况下摔碎了玻璃杯。但她又马上想到了一个母亲应具有的责任与理智，于是扫掉玻璃碎片，并主动诚恳地向孩子道歉，从而缓和了两人的关系。

【读脸术】 很多时候，我们在判断对方是否悲伤、困惑甚至愤怒时，不能仅仅依靠双眉下压这一种表情。往往，人的面部除此外还会伴随着其他的表情，如眼睛努力睁大、上眼睑提升、下眼睑绷紧等。假如不仅出现了双眉下压，还睁大了眼睛，这就是怒视的表情，“愤怒”的关键形态特征就是它。

闭着嘴痛哭：我控制，控制，再控制

因悲伤情绪而引发的痛哭，会大大收缩眼轮匝肌，从而调动脸周边肌肉，带动眉毛、眼部以及嘴部的肌肉剧烈运动。脸部在肌肉的作用下表情扭曲，张嘴、闭眼、挤眉等表情随之形成。人在痛哭时的主要特征也是这些表情。然而，我们有些时候却看到有些人在紧闭着嘴哭泣，虽然眼泪在哗哗地流，却一直没有张开嘴巴。其实，闭着嘴痛哭表现出了行为主体的情绪处在被压抑的状态中。如妈妈和一个三岁的小朋友商量：你已经吃过一些零食了，不可以再多吃。这时小孩子哭了起来，但不是那种刻意张大嘴巴发出“哇哇”声音的哭。其实小孩子也明白，继续吃更多零食肯定是父母不允许的，他内心不情愿却又害怕被妈妈数落，因此虽然哭了却不敢哭出声音。

我们经常会看到这种嘴部形态在各种正式场合出现。如领导表彰和奖励表现优异的员工时，每当念到一个人的名字，每当领导在台上对其艰苦卓绝的光辉事迹和优秀成绩进行叙述时，当事人的脸上就会呈现这个由颏肌收缩而形成的“苦涩的瘪嘴”的表情。

再如，行为主体处于悲伤的情绪中，其生理上本能地需要张开嘴去大声哭泣，可主观意识又要求其紧闭双唇不能出声，最终使得嘴唇部位要用一种向内的压力来对抗向上和向外的力，显得非常紧张。因此，你会看到有的人眼泪汪汪的却闭着嘴巴，实际上其当时的情绪非常悲伤。

一个人自我压抑太久，往往会无法与人进行正常的交往，其压抑感、孤僻感越来越重，甚至自闭。所以，在与这类人交流时，要积极地对他们进行引导，以协助他们进入谈话的状态，使其将心结打开，进而变得开朗积极。

当发现对方的嘴轻微地颤动时，要及时安慰对方

当一个人闭嘴痛哭时，他的嘴部会产生轻微的颤动。这是因为拉升嘴唇的力量来自颧小肌，而不再由提上唇肌掌管，力度温和了很多，所以上唇的提升力度锐减。因不断切换嘴部的这种制衡状态，故而产生轻微的抖动。这样的嘴部形态是“悲伤”情绪的一种典型形态特征。

假如谈话对象哭泣时紧闭双唇，你需要主动与其交流

假如你发现谈话对象在哭泣时紧闭双唇，那么，你可以判断出对方是一个情绪比较压抑的人，其在工作和生活中，应该都不善于宣泄自己的感情。由于长期的情感压抑，在人际关系中这类人一般处于被动地位。所以，你需要主动去与对方交流，主动引导其情绪向着积极的方向转变。“对于即将谈论的话题要有明确的界定，不管谈什么都紧紧围绕这个话题展开”，这是一种最简单有效的办法。另外，还要注意谈话的方式，在谈话过程中可适当重复重点，以便引起对方的注意，谈话在进行到某一阶段或者即将结束时，要总结先前的话。

要有意识地用自己的积极言行去影响对方

在社交活动中，一个人的说话行为会非常大地影响到另一方，甚至有可能决定着能否实现沟通。尤其是在和时时处于被动位置的人交流

时，对自己的言行举止更要注意，要有礼有节。

如你是一个销售人员，要对客户时刻表现出尊重和关心。你可以这样说："我觉得与您合作是件非常愉快的事。""跟您交朋友、谈生意我真的很乐意，愿替您出一份自己的微薄之力。""我的工作因跟您合作而变得轻松愉快，谢谢您。"而不应直接对客户说："您买了我们的××后一定会非常满意。"客户在你这样说话时，第一个反应是：你要其掏钱。

【读脸术】 假如单独出现这种嘴部形态，尚无其他表情相配合，那么可以折射出行为主体心中此时的情绪是惭愧、勉强、不容易、辛苦等。当这一表情配合着笑意出现时，则表明行为主体有意在克制笑容，提醒自己不要太得意忘形，要低调。但这个"苦涩的瘪嘴"表情对于那些真正付出过努力和代价的人而言，算是一种对自己过往的评价。

哭时刻意咧嘴：我的悲伤是装出来的

前文讲到，人由于悲伤而咧嘴哭时，由于收缩提上唇肌，嘴巴往往会大张，而且这是一种无意识的张嘴。然而，有些人的咧嘴在某些场合下，却可能是假装的。这种情况下，即使泪水布满行为主体眼睛，那也不是一种真实情感的表达。

如有些沿街乞讨的人，经常会做出可怜巴巴的样子，露出痛苦的表情来博取同情。其实，你只要对他们的嘴巴进行仔细观察，就能看出来。真正哭时的口型要比假装哭时的口型大得多：一个是嘴巴在肌肉带动下有规律地变化，口型往往呈现不规则的梯形；另一个是刻意地咧嘴。

假哭有时也会发出声音来，可以流泪，但是真正的“悲伤”不可能装得出来。很多人会刻意地在假哭时去咧嘴，其实，当一个人真正因悲伤而痛哭时的那种表情是很难模仿的。原因是这样：因为人在痛哭时，收缩提上唇肌使得上唇向上提升，脸颊因而隆起，同时在鼻翼的两侧与嘴角之间会有一道鼻唇沟形成；而下部颈阔肌也会收缩，使得嘴角使劲向两侧拉伸，降口角肌和降下唇肌收缩，向下拉低下唇。在这几组肌肉的一起作用下，颏肌收缩，下巴肌肉、下唇中部拱起上顶，于是嘴就会变宽，嘴巴咧开形成近似方形的口型。

由此看来，那些故意咧嘴、似哭非哭的表情毋庸置疑是一种欺骗，是一种表演，他们本没有如此悲伤，却非要做出一副悲伤的样子。

在生活中，这种假装无辜、博得同情的人还真不少。所以，在与人打交道的过程中，我们要善于判断对方是真悲伤还是假悲伤。可通过以下几种方式进行判断。

可结合对方的嘴部形态来判断

在很多悲伤者的脸上都能看到紧闭的嘴唇。假如一个人内心正在悲伤，那么无论是失声恸哭，还是默默悲伤，都会通过嘴部形态将其表现出来。因为嘴部上唇会在颧小肌和提上唇肌的作用下发生改变，嘴角会向两侧拉伸。颈阔肌会在哭泣的脸上收缩，其在行为主体特别悲伤的时候参与动作；而当行为主体悲伤程度减轻时，颈阔肌的动作会变弱甚至消失。

在很多不同程度的悲伤表情中都会出现这样的嘴部形态，这是“悲伤”的典型形态。而且，假如你仔细观察的话，在吞咽非常苦的药水时也会出现这样的嘴部形态。但是，若是假装悲伤，那么嘴部则几乎没有明显的、自然的变化。

可结合对方的眼睛来判断

悲伤主体的眼睛会在睁开时有变化，由于下压的双眉抑制着上眼睑的提升，附近的皮肤会因此形成一道道褶皱，但没有在恐惧的时候那样明显。悲伤和恐惧的关键区别恰恰就是这个细微的差别：悲伤时，下眼睑会比平时将更多的眼球遮住；眼轮匝肌部分收缩，主要是下部分收缩，造成下眼睑提升变直。这个变化虽然微妙，但会起到很大的作用——增加了虹膜被遮盖的区域，虹膜上下缘都被遮住更多的部分。这样一来，眼睛瞬间消失其警觉状态，眼神也失去了光彩，显得黯淡。其实，这是由于黑白对比的减弱以及眼球反光面减少而给他人造成的一种感觉。

【读脸术】　有人将嘴比作“出纳官”，这其中也不无道理，嘴能发出声音，是与他人沟通的一种工具。但是，不仅要学会从“有声的嘴巴”里得到信息，更要学会从“无声的嘴巴”里得到更真实的信息。在交流中，仔细观察对方的嘴部动作，从他细微的嘴部动作里发现潜在的信息，更有利于掌握交谈的主动权。

睁大眼睛哭泣：我其实在耍心眼儿

我们在看影视剧时，经常能看到这样的场景：有些演员哭泣的时候睁着眼睛，边哭边诉说着。这常会给人一个“人可以睁着眼睛哭”的假象。实际上，我们很少会在现实生活中看到这样的现象。没有人可以睁着眼痛哭，婴幼儿的哭就是最具有代表性的。由于最接近生理自然反应的是婴幼儿的哭，因此下面我们就以小孩的哭为例来谈一谈。

在遭遇饥饿、疼痛以及恐惧等负面刺激的时候，小孩往往会大声哭喊，这是出于其本能的反应，并且在大声呼喊的同时小孩会大张嘴巴、瞪大眼睛，以引起父母的关注。声音越大越好，这是小孩子们潜意识中所认为的，在他们看来，父母很有可能会忽视声音不够大的孩子。而且，能真实地表现人类哭泣时的形态特征的，恰是婴儿痛哭的表情。人们是不会在真正伤心痛哭的时候睁大眼睛的，因为悲伤的气息一旦加剧，双眼必然会紧闭加以配合。

人在哭时，之所以会紧闭双眼，也是由生理结构方面的特点决定的。因为在痛哭时，需要剧烈的呼吸的配合，同时血液循环也会加速，从而增加眼眶内的毛细血管压力与眶内眼球内压。“紧闭的眼睛”是因眼轮匝肌收缩和部分皱眉肌收缩形成的。这种内动力客观上要求眼轮匝肌进行收缩，以缩紧眼周围皮肤。哭得程度越大、越剧烈，眼球周围的肌肉收缩力度就越大，这样的肌肉运动是人痛哭时的自然反应。

由此可见，人在痛哭时会自然而然闭上自己的眼睛。若一个人在瞪大眼睛地哭喊，那只能说明此人内心并没有真正地感到悲痛。

在哭时睁着眼睛，是为了引起他人的注意

有的人为了引起他人的注意，会在哭时睁着眼睛，这说明其内心并不悲伤。如有的幼儿在肚子饿时为引起父母的注意，会大声痛哭，以提示父母该喂奶了。在成人当中，有一部分人为了引起他人的关注也会运用这种方式，通过哭让你知道他们需要什么。如迷路的人、受惊吓的人、沿街乞讨的人等，他们在受到外界的刺激之后之所以有的会哭，目的是希望引来更多的“帮助”，而不是尽情释放心中的悲伤，因为他们在哭的时候根本不会闭上眼睛。

容易被眼泪感动，这是人性的“弱点”

生活中，大部分人容易被别人的眼泪感动。所以，人性的这种“弱点”就会被很多别有用心的人利用，他们用眼泪来对他人进行欺骗。这样的哭泣就是有所图的假动作。在与人打交道时，我们一定要擦亮双眼，而不能被这种“眼泪”蒙蔽。假若对方真的遇到了困难，内心极度悲伤，那么其流眼泪的状态肯定不是这样的。

【读脸术】 在婴幼儿和成人世界中，他们睁着眼睛哭喊是完全不同的两种概念。婴幼儿这样做是出于人的本能。而成人也这样做，别有所图或者是希望通过哭来得到些什么，应该是其内心的真实想法。因此，我们在区分这两种表情时必须明确对象。

流泪时嘴角下拉：唉，谁懂我内心的委屈

有的人内心充满委屈时通常是默默流泪，而不会去号啕大哭。此时，其嘴角会下拉，呈现出委屈的样子，眼泪顺着脸颊慢慢往下流。由于天性使然，小孩子和女性在受到委屈后多会选择默默地流泪。

在我们的身边经常出现这种现象：在遇到不顺心的事或是经受了一点点挫折时，不少孩子常常满脸委屈，泪眼汪汪。有的年轻女性与爱人吵架后，也会非常委屈。但是这些人通常不会选择放声大哭，而只是默默地流泪。假如你注意观察的话会发现：当一个人内心充满委屈却又无法释放时，其会表现出一边默默流泪，一边嘴角下拉。

为什么眼泪在默默流淌的时候，嘴角就会向下拉呢？其实，原因很简单，我们根据痛哭时人的表情特征就可以分析出。因为颈阔肌收缩，那么嘴角会向两侧拉伸，使嘴的水平宽度较平常有所增加。而拉伸的嘴角和脸颊之间互相挤压，形成一条条纹路。再加上降口角肌和降下唇肌的收缩，自然嘴角会向下拉低，下唇整体下拉，直至露出下齿。

流泪代表着悲伤，当无法释放出这种悲伤之情的时候，只能选择忍耐是很多人无可奈何的事。这种心情的最真实表现就是嘴角下拉。在社交活动中，当我们看到对方有这种表情时，应该对对方的心情尽可能地表现出体谅，并帮助他们将心中的坏心情采取适当的方式释放出来。

当孩子流泪并伴有嘴角下拉时，父母要给予更多关心

通常，孩子的心灵是脆弱的，本来是一件不起眼的小事、一句无足轻重的话，在很多时候都可能使孩子感到莫大的委屈。

如父母、老师、伙伴对孩子的评价，孩子很在乎；自己的玩具是否比同伴多，他们也很在乎，等等，而且比成人还要较真儿。然而，有一种心态对孩子的成长是极为不利的，那就是现在很多孩子在受到委屈时，都不习惯将心中的委屈释放出来，而是默默流泪。就拿哭来说，释放心中委屈、不满情绪的最好方式应该是哭。现在的小孩多是独生子女，他们在家往往说一不二，处于绝对“核心”地位，一旦这种地位稍稍有些动摇，有些小孩便不能正确地理解和接受，觉得自己受了非常大的委屈。这种越来越强的自我优越感使孩子常常觉得受了“委屈”，有的孩子在有“委屈”感时甚至采取幼稚而极端的方式进行抗议。

要想改变这种状况，一方面，父母要及时了解孩子“受委屈”的原因，正确引导他们释放出心中的委屈；另一方面，要培养孩子开阔的胸襟，使其明确在家庭中自己的位置，不要对孩子过分溺爱。

当亲人或朋友流泪并伴有嘴角下拉时，要进行言语上的劝解

受到委屈时，小孩子如此，成人也可能如此，比如我们身边的亲友。成人的自控能力和自我调节能力往往较强，因此，进行言语上的劝解应该是你所能采取的最好方式，通过谈心来将他们心中的委屈抚平。

如你的女友在你面前哭鼻子。你也许会感到莫名其妙，不过不必急着询问原因，因为她在你面前哭泣并不一定想要一个结果或者是你必须帮她解决什么问题，其所求的不过是释放心中的不良情绪。这时候，你应该尽量用言语去安慰对方，使她尽快开心起来。你可以逗逗她，说

“这个人如此不识相，竟然敢欺负我女朋友，看来智商不怎么样……不许伤心了”等。

总之，我们一定要以积极的态度对待心存委屈的亲人或者朋友，让他们知道你愿意支持和保护他们，以尽快走出不开心的心境。

【读脸术】 在人的面部表情中嘴角下拉是非常细微的动作，它虽然容易打动人心，却也很容易被人忽视。细节之中显真情，在人际交往时，更多地去关注对方的表情细节是我们要去认真做的。表示悲伤不是只有大哭才可以，表示高兴也不是只有大笑才可以。很多时候，借由某个细微的表情就能将人的真实情绪表达出来。只要这些细节被我们抓住了，并及时地向其表示安慰，就可以赢得对方对你的信赖和好感。

眼睑下垂、双目无神：神药也难治的悲伤

除了痛哭，眼睑下垂、双目无神是人们表达内心悲痛的另外一种常见方式。这种表情貌似非常平静，但却是极度悲痛的表现。如果一个人脸上有这种表情，说明其一定经历过了大悲大痛。人往往在两种情况下，才会表现出这样的神情：一种是伤心过度，另一种是伤心将要消退时。

虽然平静的悲伤没有痛哭来得那么强烈，但其持续的时间往往会更长。原因是这样的，痛哭会消耗大量的能量，而平静的悲伤则是慢慢流

失身体内的能量。

眼睑下垂、双目无神体现出行为主体的消极状态，跟上文中提到的紧咬嘴唇正好相反。出现这种表情时，往往说明行为主体受了较大的刺激，内心的伤痕难以愈合。在人际交往中，假如你看到对方带有这种表情，就可以做出对方的情绪是消极的一个判断，然后采取相应的谈话技巧与之交流。

营造轻松的氛围，打开谈话的局面

在交谈中，假如你看到对方眼睑下垂、双目无神，那么说明对方情绪很低落、很悲观。人处于情绪低落时，对待他人的态度也会十分冷淡。这时候，你需要先营造一个轻松、愉快的谈话氛围，打开谈话的局面，然后才能更好地展开交流。交流中，要想营造轻松愉快的谈话氛围，我们需要从“硬环境”和“软环境”两方面着手。

和交谈有关的外在环境就是“硬环境”，如对交谈地点、交谈时间的选择，交谈的话题是否合适，以及交谈是否会受到他人的干扰等。交谈的效果都会因这些而受到影响。交谈者除了这些外在的条件之外，也要注意自身的表现，此即影响交谈气氛的“软环境”，如表情轻松自然、面带微笑、语气平缓、语速适当等。“软环境”营造得好，就会使交谈对象觉得你亲切，能够信任你，愿意和你接近。

要搞清楚对方情绪低落的原因

交往时对方无精打采，说明他们心中可能有许多困惑。在谈话开始前，需要先搞清楚对方情绪低落的原因。此时，你应站在对方的角度，鼓励对方说出自己的想法，而不是要急于说自己准备说的话。只有你搞清楚了对方情绪低落的真正原因，才会使交流进行下去。和情绪低落的人交谈，刚开始谈话不必开门见山地直接步入正题，可以先聊聊家常，谈论一些题外话，对谈话对象本人目前的一些基本情况进行初步了解。这样做的目的是，在介绍自身的过程中使谈话对象逐渐放松自己。等减弱对方内心的困惑后，你再适时地将谈话的主题提出，这样一切自然水到渠成，不会因给对方造成不必要的压力而使其紧张。

【读脸术】 从痛哭到平静的情绪变化需要一个过程，所以随之表现的表情也有一个变化的过程。若仔细观察便会发现，眉毛形态在这些表情变化中，起了很重要的标志作用。甚至，即使只有眉毛的变化而没有眼睛和嘴部的变化，也能有效表达出一个人的悲伤程度。

九

辨谎言——是你演技好还是我揭穿得早

我们在日常生活中总会听到各种谎言，虽然貌似美好，但其实绝大多数谎言对我们的人际类系都是不利的，都会使我们蒙受损失或受到伤害。当然，这不包括那些含着善意与美好愿望的谎言、那些出于礼貌而不得不说的谎言。所以，在人际交往中，我们要随时保持清醒的头脑，善于寻找蛛丝马迹，以破解谎言背后的真实心理，从而使我们在人际交往中能保护自己，而不会被坏人欺骗或者利用。

目不转睛地盯着你看：被你拆穿又能怎样

大部分人都会这样认为，说谎的人不敢注视对方的眼睛。其实不然，当一个人和你说话时目不转睛地盯着你，并不一定表示对方就真诚。很多时候，一个人极不自然地注视着你，这表示对方正在说谎，他盯着你看的原因，是想看看他的谎言是否已经骗住了你。

一部名为《不要对我说谎》的电视剧中，有这样一个场景：因飞行员滥用精神类药物导致飞行器坠毁，一位联邦探员正在调查此事的线索。其间，男主角卡尔·莱特曼就对飞行员这样说："传说中有种说法，撒谎的人不敢用眼睛注视对方，这简直是胡扯，因为说谎者需要观察说谎对象是否已被自己的谎言所蒙蔽。"当时，这是一种颠覆人们传统观念的说法，但后来的事实却是，那位飞行员的确是在撒谎，从而证实了男主角这个论断的正确性。

"为了不暴露自己，极力回避对方的眼睛"，这是人们素来所理解的撒谎者的状态。但现在的撒谎者很狡猾，他们往往反其道而行之，用坚定的眼神来注视着你，目的就是使你坚信他们的话。他们一般是这样想的："大不了被你拆穿，但你又能奈我何？"这是我们在和人交往时要特别注意的一点，要善于分析对方的表情，不要被其所展现出的假象所迷惑。

眼睛在说谎时候的表现，从心理学角度看大致可分为两类：一类就是我们日常生活中素来理解的那种，说谎者会不由自主地采用视觉阻断的策略，将眼睛避开与对方的直接交流；另一类则正好相反，说谎者很坚定地注视着对方。从根本上讲，不管是聚精会神地注视，还是左顾右盼，只要是在说谎，就会露出破绽：也许是闪烁不定，也许是不自然地盯着对方。

因此，当某个人在始终盯着你的眼睛说话时，你就要对其进行判断和分析：这个表情背后到底有什么东西隐藏着？对方是在试探你，还是真的对你感兴趣？

当说谎者一直盯着你看时，要马上改变当下的局面

对谎言进行精心而充分的"准备"是很多说谎者事先要做的功课，这样，他们在说谎时心中就会增加一份底气。他们之所以一直盯着你看，正是为了看看你是否已经相信了他们的谎言，然后根据你的反应再决定下一步该怎样做。这样的骗术显然更加高明，假如你此刻没有注意观察对方的神情，就会很容易被其蒙骗。

那么，面对这种高明的说谎者，我们该如何应对呢？其实可以这样做：当说谎者突然注视着你时，你可以对当下的局面来个突然改变，从而使对方措手不及，露出破绽。这是因为，对方的话是提前准备好的，情势发生突变是其根本不会预料到的。若局面突然发生改变，说谎者迫于无奈，往往会害怕被对方拆穿而开始尽量避免眼神接触。其心理预期因为与现实状况严重不符，从而使对方对情境失去控制，其"把戏"就会由于恐惧或者慌张的心理而穿帮。

当说谎者一直盯着你看时，要尽可能将交谈时间延长

说谎者的自我控制能力毕竟不是无懈可击、天衣无缝的，不论事前

有没有准备，还是准备得充分不充分，只要我们善于观察、勤于分析，其谎言是很容易被我们识破的。因此，心理自控能力其实是说谎者自己无法面对的一个硬伤。即使是突然很窘迫地被迫说谎，假如说谎者感觉能掌控整个情境和对象，那么其就有可能壮着胆子盯着你，堂而皇之、毫不羞耻地说谎。和这类强势的说谎者交谈，有一点是很重要的，就是你要顺着自己掌控的局势采取拖延战术。尽可能地延长谈话时间，多谈论几个相关的话题，时间越长，说谎者就会越“心虚”，即便其准备得非常充分，也会因谈话的“拉锯战”而渐显捉襟见肘，最终谎言不攻自破。

因此，只要你能抓住说谎者的“心虚”，就算是提前准备好的谎言，他们的心理预期实现起来难度也会很大。说谎者的谎言一旦穿帮，吞吞吐吐、眼神闪烁不定的状况可能就会在他们身上出现。

【读脸术】 上文讲的主要是人在说谎时眼睛的表现，有的说谎者会努力注视对方，有的则不敢看对方的眼睛。那么，人在说谎时，眼睛到底会怎样表现呢？其实，在现实生活中说谎者的表现并非千篇一律，一成不变，我们应结合具体的情境和人进行观察。只有将具体情况结合起来，对情境进行全面分析，才能为进一步分析问题提供方向，以便筛选与定位。

抬高语调、生硬地重复：我其实很会装

语言简短、声音生硬、常常多次重复，是说谎者在回答别人问题时的一个通病。我们来看一个案例：

警察去抓捕一名通缉犯，在他家里见到了其母亲。当警察第一次问“你儿子在家吗”时，他的母亲毫不犹豫地说：“没，他不在。”当警察继续问时，她基本上是在重复之前的话：“没有，要不然我会知道的。”警察在离开前再次向她询问：“因工作的需要，我想再问你一次，你的儿子当真不在屋里吗？”这一次，其母声音上扬，很机械地回答道：“真不在家。”此时，警察断定她的儿子肯定就在家里，于是他们要求搜查房间……结果，通缉犯真的从橱柜里被搜了出来。

警察断定她的儿子就在房间里的原因其实很简单，因为警察注意到在这位母亲的几次回答之中语气很反常。尽管她一再地说自己的儿子不在家，可是她的语气语调暴露了她在撒谎的真相。

说谎者通常不会在被质问时直接作答，更不会去为自己辩解什么，他们只是机械地重复类似的话，如“我没做”“我真的不知道”等。其实，他们心里清楚得很，不过是“很会装”罢了。

说的话内容单一、语调僵硬、尽量避免使用人称代词，这是人在撒谎时的几个特点。而尽量避免使用人称代词则是一个很明显的特点，因为人称代词往往能够强调真实性。所以，说谎者在作答的时候都是含糊

其辞，不强调补充任何细节，只为掩饰内心的不安感，甚至会为此故意抬高说话的声调，因为谈话过程中出现的沉默会让他们非常敏感，觉得不舒服。

因此，在与人交谈时，只要注意一下对方的说话方式和语音语调，就能看出对方是否在说谎。

当对方迫不及待地抬高谈话的声调时，你只需盯着对方看

说谎者有时会将自己的说话声调故意抬高，特别是在双方陷入沉默时，他们为了掩饰自己内心的恐慌，更会迫不及待地抬高谈话的声调，显出很有激情的样子。如当妻子问丈夫刚刚是谁打来的电话时，丈夫会突然像喜鹊一样开始喳喳喳说个不休，他会在妻子打断他或是否定他时显出很亢奋的样子，并一一驳回妻子的质疑，为了证明自己的观点会摆出各式各样的事实。假如是这种情况，那么往往说明丈夫在说谎，妻子得在心里打个问号了。

说谎者为掩饰自己底气不足的内心，往往会在说谎时升高音调。若在一起谈论的是多个人，他们往往会抢着发言，因为害怕别人的话会戳破他们的谎言。这个时候，你一定不要因为对方“激情四射”而急于插话，否则会正好陷入其“圈套”。如果你保持不急不慢、认真地去倾听的状态，并在关键时刻盯着他们的眼睛，这个时候，他们很可能就会开始恐慌，甚至出现语无伦次、自乱阵脚的情况。

当对方机械地重复相同的话时，则说明其“心中有鬼”

人在说谎的时候思维是极其混乱的，因为说谎时人的精神会高度紧张，总怕会被人识破。当你与人交谈时，如果发现对方在重复你说的话，则说明其“心中有鬼”，正在为自己的谎言而惴惴不安。这时候是

识破对方谎言的最佳时机，你只要主动开口，主动去问对方，其谎言就会被撕下伪装。

【读脸术】 撒谎者说谎的一大特征是说话声音上扬、生硬。我们可以通过辨识声音声调，很好地辨别对方所说的话是否真实。但是，在实际运用时，也应该注意一些特殊情况。因为说话的声音声调与一个人说话的习惯息息相关，如果一个人一向说话生硬，或者习惯将声调往上提，那么对方说的话完全有可能是真的。所以，应该对对方的说话习惯和说话方式有所了解后，才能再运用这个方法。

说话时面无表情：我只是在隐藏我的内心

一般来说，说谎的人说话时，基本上没有和语言相关的动作配合，肢体僵硬，表情很少。即使有，也不会完全合拍。面无表情、反应迟缓是说谎者通常具有的特征，或者某种表情一旦在其脸上出现就会保持较长的时间。这说明，一个人在撒谎的时候表情不会太丰富，也不会依照人通常的情绪变化而及时转变。

如你在收到一份自己喜欢的礼物时往往会喜形于色，很高兴地向对方说“我很喜欢”；假如你本不喜欢而假装喜欢，绝对不会喜形于色、眉飞色舞，即使你会同样说出“我很喜欢”的话，但顶多是在说完这句话后露出一丝“高兴”的神情。这就如同一个人皱着眉头对你说“我爱你”，你自然不会相信对方的话。由此可见，说谎的人语言和表情总是会存在一定的矛盾：完全没有表情，或者表情和语言不合拍。

再如，下颌、眼睛和额头同时出现相应的表情，彼此配合，这是正常人在微笑时表现出来的。而说谎者在微笑的时候，也许仅有嘴巴在动。这是因为，说谎者在微笑时内心往往处于防御状态，其唯恐在微笑的同时被其他人所干扰。

人出于本能，在撒谎时会将注意力更多地放在自我保护上，而且总是在竭力隐藏自己的真实情绪，以防暴露真相。然而，由于说谎者在竭力隐瞒真相，其心理因而会表现出许多负面情绪，如会感到内疚、害怕等。行为主体或许不会因撒一个很小的、无伤大雅的谎而出现什么负面情绪；但假如其撒的是弥天大谎，主体将会承担很大的心理压力，强烈的负面情绪往往会充满其内心。而其因害怕被人发现，又必须将这些负面情绪伪装起来，所以他们常常面无表情。

因此，我们在和他人谈话的时候，如果怀疑对方是在撒谎，可以通过其脸上的表情和动作来判断。

与别人交谈时，不要忽视对方脸上的表情

与人交流时，其实不仅仅是交流语言，同时也在交流大量的行为。对方总会辅以一系列的肢体动作、表情来配合自己思想的表达。因此，与人交流时要认真观察对方的每一个细微动作、每一个表情，不仅要听其言，还要观其行。通过观察对方的言谈举止，对其内心活动的蛛丝马迹进行捕捉，以准确把握对方的行为和思想。假如对方脸上表情很少，肢体动作也几乎没有，这说明他有可能在撒谎，你要小心。

所有的说谎者为了将自己的负面情绪伪装起来，都需要使自己面部看上去显得很镇静。而若在伪装时辅以微笑或转头等动作的话，其

就需要为了“圆谎”而花费更多的心思，因此，撒谎者往往面部表情不多。

不要盲目应对，应认真思考，静观其变

交流时需要察言观色，对方的思想变化可借助其言谈举止来判断，但若对方没有太多的表情动作，有些人就会失去判断的标准，有点不知所措。在与他人交谈时，要慎重应对别人提出的问题和异议，抢话、插话这些行为不要轻易地进行。

或者在发现对方有不同意见时就进行反驳，或者干脆置若罔闻，这些都是不正确的，而是应该认真思考，静观其变。假如对方是一个真诚的人，你可以继续与之交谈；而若对方是在说谎，这应该就是最确凿的证据了。

【读脸术】 要注意的是，行为主体在没有说谎时表情有时候也不会多，那是因为有一类人由于自身性格问题，在与人交流时沉着冷静，所以其表情也会很少。这样的人在商业谈判中非常多，其不但没有在说谎，更有可能标志着对方的成熟。因此，我们在很多时候应根据当时的情境全面分析，而不能仅根据对方是不是有表情或者表情的多少来判断其是不是在说谎。

不断地眨眼睛：我心里有个小九九

每个人都会经常做眨眼睛这种小动作，眼睛每隔几秒就会眨巴一下，这是由人的生理属性所决定的。然而，在我们周围很多人的眨眼次数却明显比平时多，眨眼的间隔也会延长，这就有些不正常了。但这到底是什么原因呢？心理学家研究发现，眨眼睛除了与客观因素有关外，有时还与说谎有关。人在说谎时往往爱眨眼睛。

妻子问丈夫："昨晚去干吗了？"丈夫眨巴着眼睛，很快地蹦出两个字："加班。"但妻子明确地对丈夫说："你在撒谎。"丈夫开始盯着妻子看，眼睛不时地眨两下，但已经明显失去了先前的底气，他支支吾吾地说："和朋友在一起喝酒。"

一个人的眼珠眨巴眨巴地乱转时，表示其正在"回忆"，如果是在刻意的回忆，就很难保证此时行为主体说的话没有撒谎的成分；若一个人开始快速地乱转眼珠，就表示他要开始"创造"谎言了。

一项最新研究表明，说谎者在对事实真相试图掩盖时，眨眼行为会被其有意控制，其身体也会相对保持静止。很多人都会记得这样的事，小时候被妈妈批评时他们往往会站着一动不动。妈妈说："你在不断地眨眼睛，我知道你肯定又在撒谎了。"其实家长并不是在"使诈"，而是有切实的科学依据的：因说谎者在看人时注意力太过集中，所以他们的眼球容易干燥，致使他们用更多的眨眼来尽量使眼球舒适，但这却是个

“致命”的信息泄露。

因此，在看到对方不断地眨眼后，我们就知道对方此时一定是在撒谎。那么，该如何应对这种情况呢？

根据一个人眨眼的次数和频率，对其心理状态进行判断

根据一个人眨眼的次数，可以对其心理状态进行判断。很缓慢地眨眼，则说明这个人心中有鬼。假如人在说话时眼睛一眨一眨的，就表明对方正在用脑子努力地思索，内心编织着美丽的谎言，以此来蒙蔽交谈者。眨眼睛的次数和人的专心程度是有很大关系的，一个人在专心时眨眼的次数会很少，也说明其不想被打扰。眨眼的频率很快并且轻巧，也就是眼睛“扑闪扑闪”的，则说明对方很感兴趣。

假如一个人在演讲时讲得非常精彩，那么你会看到听众们的眼睛都是亮闪闪的。当一个人说谎时，为保持内心冷静，使自己看上去“不留痕迹”，以便“睁着眼说瞎话”，其首先会减小眨眼频率。然而，人只要说谎，就一定会感到焦虑与担心。主体在这种情绪的“感召”下，难免会情不自禁地快速眨眼。所以说，眨眼频率先慢后快，这是一种典型的说谎表现。

反问对方，使其谎言不攻自破

如果在交谈中对方明显的有些不耐烦，并在潜意识里希望你从眼前消失，那么对方这时候会表现出这样的表情：眨眼间隔的时间长，且每次眨眼闭眼的时间明显延长，这其实是对方“拒绝”的潜台词。如你在与人进行商务方面的交流时，对方觉得价格过高（其实价格已经很合理，而且对方也知道），会向你说：“据我所知，你的报价是所有卖家中最贵的。”很明显，这当然不是对方的真心话，其目的无非就是无限

制地下压价格。遇到这种情况，你可以反问对方："您确定吗？"这就叫"以问做答"，至于对方是真的知道其他卖家的报价，还是在说谎，这样一问即可判断出。

【读脸术】 人眨眼睛是一种正常的生理反应，但其中还有这样一种人，其之所以爱眨眼睛，却是因不良习惯所致，而且其眨眼睛的频率和其心情有关。自然，这些由于生理或心理作用下的眨眼睛动作和说谎一点关系也没有。所以，不要看到他人眨眼睛就认定对方一定在说谎，因为正常的眨眼频率比说谎者的眨眼频率要快很多。

手捂着嘴巴：说瞎话千万别被拆穿了

习惯用手掌、手指或者拳头遮住嘴巴说话，这是很多人在日常生活中常有的动作。这种手势说明对方在撒谎，或者潜意识里正在试图掩饰其内心的想法。行为主体在说谎时会十分紧张，这时其会无意中做出一些如搔头挠耳、抠指甲，或触摸身上的戒指、耳环等小饰品的动作，而用手遮住嘴巴就是其中最常见的一种。

有两种用手捂住嘴巴的动作方式：一种是用指尖轻触一下嘴唇，另一种是用握成拳头状的手将嘴遮住。不论是哪种动作，都是为了防止嘴部活动给他人泄露过多信息，防止对方察觉出来，以掩盖自己说谎的真正企图。行为主体在说谎时，会感到不安和不自在，内心深处会有愧疚和害怕的心理产生，这是人在说谎时的生理反应。

行为主体通常用手捂住自己的嘴巴，来克服这种不自在心理，掩饰自己，好使自己镇静下来。所以，用手捂嘴的原因有两个：一是控制自己，使自己镇静；二是掩饰自己，不让他人知道自己在说谎。如果在与人交谈的过程中，你发现对方总是遮遮掩掩地说话，不时地捂嘴巴，那么就可以判断对方一定没有讲真话，或者没有将事实真相完全说出。

某文化传播公司的推销员李军主要负责广告赞助业务。他进入公司半年多来，业绩一直在公司排第一名，很多同事非常羡慕他，闲暇时间会纷纷向其请教。小岩每天都缠着李军要推销的秘诀，是公司里最为执着的一个，但李军却总是神秘地一笑，并不与小岩分享秘诀。一天，他终于被小岩纠缠得没有办法了，便悄悄告诉小岩说："识破客户的谎言。"

李军看小岩露出不解的样子，便继续说道："大部分客户的真实想法不可能在初次见到你时就会说出，找各种理由来搪塞和应付你是他们常常要做的事，这时，你就要善于分辨，只有能分辨出客户的话哪句是真、哪句是假，你才会处于主动。"

小岩饶有兴味地问："那怎样来分辨呢?"

"观察客户说话时的身体语言是最可靠的方法。你要明白，身体语言可是非常深奥的，明天我正好要见一个客户，你就和我一起过去，看看我是如何察言观色，看到客户的内在想法的!"李军说道。

次日，李军与小岩一起去见客户。他们在一家茶楼中和客户边喝茶边聊天，几句话后，李军轻轻地碰了一下小岩，示意他注意观察客户的手和嘴巴。此时小岩发现客户的手不时地在触摸嘴角、捂嘴巴，他虽然不明白这样的动作是什么意思，但还是按李军的吩咐认真去做了。客户面对李军坚定的态度，为缓和紧张的气氛，借故离座去了洗手间。李军趁此间隙对小岩说："有时候人一说谎话就会不自觉地触摸嘴部，因为他生怕对方发现自己说错了某句话。客户刚才不断地捂嘴就是说谎话的表现，如果你以后看见你的客户有这种动作，那么他说的话 80%是假话，一定不要轻易相信。"

人的嘴巴会说谎，但肢体语言却不会，肢体动作会将说谎者内心的秘密泄露出去。人在说谎或者在背后说别人坏话的时候，通常习惯用手捂住嘴巴。

当发现对方手捂着嘴巴说话时，应立即询问相关问题

在人与人的交往时遇到这种情况，你应该想办法揭穿对方的谎言。你可以向对方询问："有什么问题吗？"或者："我发现我的观点您不是太赞同，让我们共同探讨一下。"以此"鼓励"对方充分表达其见解，或者提出异议。你也可以利用这个机会表明自己的立场，并对对方进行更深入的了解。

大多数人都不会轻易地说出自己的想法，他们往往会要很多花招来对你进行迷惑，很容易陷入对方谎言的圈套，所以你一定要小心。此时，你要善于观察、分析对方的肢体语言，从而来解读他们的心理。那么，我们在与他人交流的时候，对对方的小动作应如何来分析判断呢？可以借鉴以下的方法。

当发现对方手捂着嘴巴说话时，你不妨捅破这层"窗户纸"

对那些经常说谎的人来说，他们根本无法意识到自己捂着嘴说话的这一行为，捂着嘴说话是一种下意识的动作。事实上，说谎的人最怕他们的这一小秘密被人发觉。然而，要发现这一动作太简单不过！只要我们在与对方交谈时稍微用心观察一些，便会发现。所以，当对方出现这

种行为的时候，我们不妨有意捅破这层“窗户纸”，好让对方意识到自己的行为，或是故意让其用捂着嘴的手去做别的事情，这样会使他们对自己说谎的行为有所收敛。

【读脸术】 手捂着嘴巴说话指的是手指尖或拳头轻轻地贴在嘴巴上，它是行为主体说谎时的一种表征。值得注意的是，手指尖轻轻地贴在嘴巴上的表情要与前面提到的手触摸嘴唇的表情区分开来，前者表示说谎，而后者表示犹豫不决。手指接触嘴唇的位置不同是两者最大的区别。

眼睛左瞟右看：真真假假你分得清吗

心理学家研究发现，当大脑回忆事情的时候，眼睛会不断地来回转动。其转动的方向不同，表示的意义也不一样。一般地，当眼睛先向上、向左转动时，表示回忆的是真实的事情；而当眼睛向右看时，说明关联的是虚假、根本不存在的事情。

一天，房地产推销员子豪去和人签合同。这位客户已经表示有购买意向，现在就等着签合同了。但在签约前，子豪突然发现对方的眼神不时地向右上方瞟，好像不敢与他目光接触似的，并变得很犹豫。一般情况下，客人在签合同时都会露出很兴奋的表情，目光也炯炯有神。但这位客人却表现得相反。“对方一定有问题”，对方反常的态度立刻让富有经验的子豪有了这样的感觉。

经过子豪进一步与对方的交涉，子豪才知道这位客人最近经济方面出了些问题，但这套不动产他又非常喜欢，因此百般遮掩，打算以房养房，可又担心拿不出首付款，故而在签约时心里难免有些焦虑。子豪毕竟经验丰富，对方的这个小小的“谎言”到底没能瞒得住他，于是他找了个借口暂停签合同。

可见，假如对方在谈话时眼神一直向右看，你就要注意了，这很可能表示对方在说谎。“观察飘移不定的眼神，是判断一个人是否在说谎的重要手段”，专家如是说。飘忽离散的眼神被很多人理解为典型的说谎标记，但更为重要的是，要考虑和眼神相关联的内容。同样，要想判断一个人是否在说谎，通过其眼球的转动方向进行辨认即可。

专家之所以认定眼睛向右看就意味着行为主体在说谎，是因为说谎话属于对事实进行虚构，当一个人开始说谎时，便开始运转大脑，对不存在的事实进行构造。一般来说，我们要动用我们的内感官进行思考，当激活了某个内感官时，眼球牵动神经也便受到影响。通常，眼球会向六个方向进行转动：右上、左上、右中、左中、右下和左下，这些方向我们会注意到，而每个方向又都有着不一样的含义。

由此可见，我们的眼睛在大脑发出一个声音或图像的指令时，就会不停地转动。一般人很难假装出来这种自然的条件反射。因此，判断一个人是否在说谎，根据其眼球的转动方向来判断是非常可靠的办法。

专家说，可以理解某人在思考问题时眼睛走神，这并不意味着撒谎。可当行为主体在回答一些很容易回答的问题而出现飘忽的眼神时，就有了撒谎的嫌疑。在交谈中，要注意对方对话题有什么反应。一个人在遇到令其感到羞耻的话题时，其眼神就很难保持注视的状态；但在说善意的谎话时，人的眼神则会更为专注。因此，在发现对方眼神始终向右时，我们应首先提高警惕，然后进一步判断对方是不是在说谎。通常，我们可以用以下几种方法来对这种眼神进行辨认。

当发现对方眼睛向右看时，你一定要多试探几次

如果一个人在说话时眼睛总是向右看，表明对方正在说谎，或者试图说谎。此时，你一定要有小心谨慎的心理。假若是一些重要的话题，你一定要对对方多试探几次，力求找到对方说谎的真实意图。如面试官通常就会用这种方法来面试应聘者。

面试官："您在前公司的月薪一般是多少呢?"

应聘者："因为上海的消费水平较高，一般为8000元左右，这是真的。"（其实并没有这么多）

面试官："能具体谈一下吗?"面试官之所以这样问，是因为他对面试者的话充满怀疑。

应聘者："公司的整体行业前景都很不错，同时我自己的销售业绩也做得非常好。"（应聘者在讲话时不时地向右看）

面试官："能具体谈一下薪资的构成吗?"面试官之所以这样问，是因为其已判断出应聘者所说的是谎言。一般来讲，经过三次询问后，应聘者的谎言就会很容易露出破绽——面试官可以根据"这是真的""业绩好""前景好"等字眼以及后面的解释原因推测出来。

可见，对对方多试探几次，就可以确定对方是不是在说谎。

当发现对方眼睛向右看时，你不妨直接盯住其眼睛

每个人都记得，小时候自己说谎时妈妈经常会这样批评："你不敢看我的眼睛，说明你肯定又撒谎了。"当人们在说谎的时候，心中底气不足，为避免被发觉，他们往往是不敢盯着对方的眼睛看的。这样，直接盯住某人的眼睛看就成了我们准确测试对方是否在说谎的一种有效方

法。假如对方刻意地去躲避你的眼睛，而且大多是向右看，则可判定对方在说谎。

【读脸术】 目光不定，飘移四散，眼神黯淡无光……这种表情的原始意义是：心虚，没有自信，希望对方做出一定的妥协。我们在遇到有这种微表情的人时，需要改变策略，暂停原来的行动，并对其旁敲侧击了解更深层的原因，以便根据对方情况做出必要的调整。

左右脸表情不对称：我在隐藏真实情感

人际关系有时候很奇妙，当对方的心思被你猜中，从而你能够想他人之所想、做他人期待做的，交往就很容易事半功倍。但如果对方的心思被你猜错了，对方的表情令你感到神秘莫测，那么你就很难进入对方的内心世界。特别是当对方的真实情感被其刻意掩饰时，那么你就更难去了解对方了。观察对方脸上左右两侧的表情是判断其说话真实与否的一个非常实用的方法，即：如果两侧表情一致，就说明对方说的是真话；如果两侧表情不对称，就有可能是在说谎。

20 世纪 30 年代，德国的科学家做了这样一个测试，他将同一个人的右边面孔图和右边面孔镜像图相连，左边面孔图和左边面孔镜像图相连。结果非常出人意料，具有鲜明对照、性格迥异的两个人竟然是这些新合成的照片所显示出来的。

同一个人的照片，经过这样的合成看到的却是不一样的人，这充分说明了人具有两面性。研究发现，左脸如同心灵的明镜，常表露人们的真实感情；右脸则更像一副假面具，将人们喜怒哀乐的真实感情隐藏起来。面部表情都是从左侧开始，在假笑、假作悲伤、做鬼脸的时候，人的左边面部表情比右边面部表情要表现得强烈。或者说，左半边脸是比较“隐蔽的”面孔，而右半边脸则是比较“公开的”面孔。

一天，推销员王鹏去拜访一位客户，客户很客气地请他入座。落座后，王鹏将此次拜访的目的开门见山地向客户进行了说明，并将做好的项目拿给客户看。客户边看边点头，并露出笑容，但其脸的左侧却没有一点神气。尽管表面上谈得很不错，但客户在谈话结束时只是推托再约时间，并没有答应购买，这令王鹏非常不解。

其实，这位客户表面上貌似客气，实际上是想赶王鹏走。判断的理由是：客户在谈话时左脸与右脸的表情明显不一致。右脸堆着笑，左脸却没有一点神情。显然，王鹏的到来并没有引起客户的兴趣，其只是在敷衍而已。所以，当一个人把自己的真实情感隐藏起来的时候，其内心的真实意图在左脸上会比在右脸上更容易流露出来。假如对方满面笑容但左脸没有神采，就像王鹏见到的那位客户一样，那么就一定不要相信其是在发自真心地讲话。

一个人在说谎时，他的大脑会向其脸部发出两套相反的指示命令：一套是大脑自发程序的控制，它要求将内心的真实情感展示出来；另一套则是自觉程序的控制，它要求伪装出某一种表情。人之所以会出现两侧表情的不对称，就是因为两套指令同时发出的是相互冲突与矛盾的表情。如假笑时左嘴角挑得更高的人习惯于用右手，右嘴角挑得更高的人习惯于用左手。为了使伪装显得更真实，大脑中的自觉程序必须时刻占据着主动，所以这种情况下，真实情感就很难在大脑自发程序指挥下表现出来，伪装情绪盖过了真实情绪。

因此，左脸更能将人们内心的秘密泄露出来。人在说谎的时候，其左脸的微妙细节往往能揭穿其右脸伪装出来的表情。

想要知道对方心里在想啥，应多关注对方的右脸

通过看对方的右脸，则可以判断其内心的情绪。因为我们右眼的视线往往对着人的左脸，而左眼的视线则习惯扫向右脸。人的眼睛就观察力而言，左眼一般比右眼更为敏锐，如此一来，给你的印象更深的是对方右边的面孔。让敏锐的左眼更关注经过较多掩饰的右脸，似乎是上天的一种特意安排，或许也是合理的。当人们想将一些情感藏匿的时候，当然不希望被洞察力较强的左眼瞬间看穿。

若想探究人的本性，应多关注对方的左脸

人的左脸的表情比右脸的表情更为丰富，正常来讲，一个人最基本的气质往往能从左边面孔显示出来。假如一个人的左半部面孔的基调是活泼的，那么即便其右半部面孔不如左半部面孔活泼，我们也可以大致做出这样的推断：后天特殊的生活环境影响了其原本开朗的性格，使其性格趋于内敛，不过本性并没有改变。

【读脸术】 人最本质的东西会通过左边面孔显示出来，而右边面孔则往往是企图藏匿起来的那一部分。但值得注意的是，人与人存在的差异是很大的，在分析面孔时，我们还是应该具体对象具体分析。“世界上没有两片完全相同的树叶。”在对人的两面性进行分析判断时，不可太过生搬硬套、形而上学。

频频咽口水：有些事真的不想让你知道

吞咽口水是一种生理反应，并且会受到心理作用的影响。当人唾液的分泌比平时多时，说明其心理正表现出高度紧张或者恐惧。因为说谎的人在说谎时压力很大，所以会导致其唾液分泌比平时多。

李延鹏是某公司的业务员，进入公司半年来其业绩并不好。业绩好的同事建议他对客户的身体语言要多注意观察。一天，李延鹏跟着同事见一位客户。他们边喝茶边聊天，几分钟后开始步入正题，当李延鹏提到货款时，发现客户脸上的笑容突然变得僵硬起来，喉咙被什么东西堵住似的突然结巴起来，而刚才他说话还挺溜的。

几句话后，李延鹏被同事轻轻触碰了一下，示意他对客户的喉咙进行观察。李延鹏心领神会，经仔细观察后，他发现客户的喉咙在说话时不时地上下蠕动。“那是他在吞口水，这与喉结正常的蠕动不同。有时候人一说谎话就会产生比平时更多的口水……”同事这时悄悄对李延鹏说。

假如看到对方在说话时突然出现这样的动作，那么你就可以认定：对方对你有所隐瞒。当然，有些人在平时说话的时候就有吞口水的习惯，这种人要排除在外。

一个人之所以会在说谎时不停地吞口水或是舔嘴唇，这是因为其有口干舌燥的感觉。“一个人在说谎的时候唾液分泌会比往常多，因此有可能表现出咽口水、清嗓子的动作”，这是经过研究被证明了的。假若你知道了这一点，那么在社交活动时就可以避免被欺骗，从而保护自己。客户的嘴巴会说谎，但是肢体语言不会说谎。那么，我们在交际时应怎样判断客户是否在说谎呢？

当发现对方吞口水时，鼓励其将心中的想法说出来

引导对方将心中隐藏的不快或者顾虑痛快地表达出来，会利于双方的谈话。我们无法回避对方的不满或者疑虑，也不应该去回避，相反，要引导对方，支持和鼓励他们将心中的想法说出来。因为只有如此，对方才会感觉自己受到了重视，而你也可以趁机充分了解对方心底真正的想法，这非常有利于双方接下来的交流。

顺着客户的意思往下说，给对方留点“面子”

在交流时，有的人会故意隐瞒对你的意见或者不满，结巴、吞口水等就是最明显的特征。这很容易被发现，但是发现后你一定不要与对方围绕这个问题争论不休，倒不如先顺着客户的意思往下说，给对方留点“面子”，然后另寻合适时机让其明白你其实并不糊涂。

从心理学角度讲，一个人的谎言被当面拆穿是当事人极不情愿的事，一旦出现此种情况，其会更加将自己封闭起来。所以，你只有假装配合，才会让对方放松警惕，从而让对方感到自己的需求得到了满足。要尊重对方的意见，帮对方找个“台阶”。

在与人交流的过程中，即便发现谎言，我们也必须尊重对方，引导他们将真正原因说出来。当看到对方频频吞口水时，跟对方开个玩笑或者想办法帮对方找个“台阶”下，都利于双方接下来的交流。

【读脸术】 每个人都会出现吞口水的情况，吞口水既是一种生理反应，也是一种心理反应。所以，我们一定要结合当时的情境和谈话双方的实际情况进行判断，以避免会错意。

耸耸肩膀：我只是随便找个理由打发你

耸肩在欧美国家是常见的一种动作。西方人经常将双手一摊，双肩一耸，由此给对方传达的意思是“我不知道”“我不理解”“我无能为力”等。

只要善于观察，你会发现，几乎所有人都会有意无意地通过肩部动作来表达自己的内心，所以耸肩动作不是只在欧美国家才盛行。在我国，一个人的肩膀意味着责任，肩膀象征着责任和尊严，如“铁肩担道义，妙手著文章”“并肩作战”等词语即有此意。

我们在生活中会经常拍一拍对方的肩膀以示鼓励，搂一搂对方的肩膀表示友好或者安慰……总之有很多与肩膀相关的肢体语言，不同的肩部动作往往有各不相同的寓意，甚至有时，即使是一样的动作，在不一样的情境下所表达出的含义也不完全相同。如在营销活动中，耸肩表示的或许是对方在说谎，或许是“无能为力”，也可能有更深层的含义。营销人员要善于对客户的这一动作进行辨识，以便更好地了解客户的心理状态，寻找到营销的突破口。

肩部动作中最为常见的一种就是耸肩，它往往表示一个人对某人、某事感到无可奈何，或者对方所说的意思其不明白。假如在耸肩的同时，对方还辅以勉强微笑、露个“鬼脸”或者手掌朝上摊开等动作，则会表示更多的含义。所以，在和人交流的过程中，当你看到客户有耸肩的动作时，一定要具体情况具体分析，一定不要进行片面判断。

上门拜访客户对保险推销员徐龙来说是家常便饭，各种各样的客户对于“身经百战”的他来说，都能轻松地应付。有一次，他去拜访一位客户，当对方得知徐龙是来推销保险时，态度马上变得极不友好，并且板着脸说：“对不起，我不需要保险，况且我也没有钱付保费。”说话的同时其将双手一摊、双肩一耸，表现出一副无可奈何的样子。从对方那不自然的耸肩动作中，徐龙看出这并不是对方内心的真实想法。因为客户的言语中有两句话“我不需要保险”“我也没有钱付保费”自相矛盾。由此徐龙猜想，客户并不是付不起保费，其实是不想买保险。如果是这样的话，那么这位客户还是有进一步挖掘的潜力的。

徐龙心里有了这样的一个思路后，便决定再试一次，好让客户认识到买保险的必要性……

终于，徐龙推销成功了。其实，从耸肩动作中看透客户的心理是徐龙之所以推销成功的原因。通常情况下，客户只要遇到推销员来访，都会随便找个理由拒绝对方。从这位客户动作僵硬，而且说话自相矛盾的表现中，可以判断其肯定是说了假话的，那从而也就说明客户并不是没有能力购买保险，而是不愿意购买保险。这样，推销员在推销中就可以“将计就计”，对买保险的必要性进行着重强调，让这种意识渗透到对方的内心中；而不是一味去强调保险费有多么便宜，那样的努力往往是徒劳的。

耸耸肩膀

一般情况下，对方做出耸肩的动作时表示其觉得无能为力或者不确定：将头一斜，手掌朝上摊开，表达出无奈的心理。有意思的是，乌龟把头缩进壳里的动作，倒是和人耸肩的动作颇为相似，两种动作都一样会降低头部的相对位置。从这个角度进行理解，也可以得知，耸肩的心理表现是一种退缩或者无能为力。不过，假若你发现客户做出的耸肩动作很不自然，或双手摊开时手掌的方向朝下，那就表明客户很可能是在说谎，而并非真的无能为力。

肩部舒展

这一动作说明行为主体胸怀责任感，内心坚定。在商务谈判中，双方最希望看到的就是这种肩膀舒展的姿势。所以，在与客户交流时，这种肩膀舒展的动作，营销人员要第一个做出，从而以无声的“语言”来影响客户的心理，使你的诚意感染客户。这样有助于客户做出同样的肩部舒展姿态，利于交谈的顺利进行。

肩部耷拉

这个动作是当事者心情沉重、感到压抑的表现。动画师的画笔也常如此表现心情低落的人：总耷拉着肩，目光无神。现实中的人在失落时的精神面貌被形象地刻画了出来。

肩部收缩

这个动作表明当事者此时非常恼火。假如你发现客户出现这个动作时，要马上停止宣扬你的观点、介绍你的产品，或者识趣地闪人，或者转换话题，或者倾听对方表达，否则客户很有可能会将你赶走。

肩部耸起

这个动作说明当事者正处于惊恐之中。假若你发现客户有这个动作，可以讲一些生活中的趣闻或运用幽默的言语等，来试着消除对方的戒备心理和紧张心理，使客户随着你自然而然地放松身心、驱除惊恐，如此，你才能与客户更好地交流下去。

【读脸术】 耸肩是人们普遍存在着的肢体动作，它有着多重含义，无奈、攻击、惊恐、胆怯、失落、依赖等心理都可以借助耸肩表达出来。但在特定情境中，它说明人正在说谎。下意识地耸动双肩是一些说谎者的标志。

语速降低或结结巴巴：怎么才能把谎话说圆呢

美国赫特福德郡大学的心理学家韦斯曼认为："人在说谎时，为减少被识破的可能性，通常会将自己所说的谎言本能地进行掩饰。"而在故意掩饰的过程中，很多漏洞便不自觉地出现了。其中，最明显的征兆就是行为主体语速降低或者开始结巴。

如你与朋友约好参加派对，结果你朋友并没有来参加。次日你见到对方时，在你的询问下对方会向你解释是因为其他事情耽搁了，或抱怨

“车坏了”，说到激动处其甚至会结巴起来。此时，你就有理由断定对方是在说谎。

再如，一位男士将一束鲜花送给了自己心仪已久的一位女士，而这位女士并不欣赏这位男士，尽管女士满口赞美、面带笑容，但假如她的手势僵硬，声音略带迟疑……就足以表明她说的不是心里话。

对于说谎者而言，其说话结巴有一个很重要的原因，就是他在思考如何使自己的谎言更“圆满”。由此看来，说话结巴不是因为其过于激动，更不是所发生的一切真有那么复杂。

但说谎的人为什么要搞得这样复杂呢？简单地说一句“车坏了”，难道不会更好吗？其实，这要从说谎者的心理状态说起。在说谎者看来，别人不会轻易相信自己的谎言，为了使自己的话看起来更合理，更贴近事实，其必须构造一个“真相”，并且这个“真相”要与事实尽量地接近。可是令其想不到的是，正是这样复杂的心理反而出卖了自己。因为，当事人说话的语速语调时时刻刻都在“侵蚀”、破坏着其貌似“圆满”的谎言。

那么，当发现对方说话语速降低或者结巴时，我们应该如何来应对呢？这里介绍一些小技巧。

说谎者并不害怕你与他争辩，却怕你保持沉默

人在说谎的时候，他们为了防止出现表达上的失误，会有意识地控制自己的语速，其言语会比较温柔，慢条斯理。而有些听者往往会沉不住气，恨不得马上要和对方展开争辩。实际上，说谎者并不害怕你与他争辩，而却怕你保持沉默，一言不发。因为，说话者每撒一个谎都要承受相应的心理压力，其在这种压力的作用下难免会出现结巴。如一个人对你说话时，即使开始讲得滴水不漏、头头是道，但是如果你保持沉默

不言，隔几分钟哪怕几秒钟之后再开始向其追问，那么对方就会结巴起来，甚至半天都说不出一句话来，或者干脆以“我有事要离开一下”“这事以后再说吧”等这样的话来搪塞你。

之所以会出现这样的情况，是因为你的沉默不语给对方施加了非常大的压力，对方以为你已经看穿了其谎言，其实你未必看出，在此情况下，对方心理上有了变化。这些心理变化最终将导致对方后来放缓语速，说话结巴。

当对方说话结巴时，你最好让其把话再重复一遍

说谎者在极力表现高兴、愤怒、哀怨等情绪时，会激动地不停重复相同的语句，或者颠三倒四，说话的速度也会比平时要慢半拍，因为假定的情景需要在他头脑中不断再现。同时，其会死死地盯住你的眼睛，伪装出一副真诚的样子以博取你的信任。但记住某个时间段的所有细节，对一个人来说会非常困难。通常，人们会在回忆某个时间段的各种细节时出现这样或那样的错误，很难理顺思绪。在这个过程中，其难免会出现重复或者结结巴巴的情况。

因为说谎者的头脑一直在不停地转动，所以其在陈述时会经常犯这样那样的错误，而这种错误恰恰将他们的短处暴露了出来。对待这种说谎者，我们可在对方说完后让其将自己刚刚说的话再重复一遍。此时，复述的和原来一样是他们很难做到的事。若复述前后的细节出入很大，则说明对方在说谎。人在说谎的时候，声音的非正常变化尤其明显，说话速度也会变得更快或者更慢，甚至连其呼吸的节奏也会有变化。

【读脸术】 语速缓慢是说谎的表征，但有些说谎者却表现出了和此相反的情况。他们啪啦啪啦地说话，速度很快；其说谎的时候更是

如此，语速比平时快了一倍，似乎想尽快解放自己，使自己放下心里的负担，所以要使劲儿将谎言全部说出口。语速过慢有可能是在说谎，但我们不能据此认定语速快就一定不是在说谎，因此，我们在具体分析微表情的时候，要学会灵活考虑、随机应变。辩证地看问题是任何时候都要做的事，同理，辨识谎言也是如此。

行为与眼神不协调：我在绞尽脑汁胡编乱造

梅赛因是德国的著名心理学家，他曾经说过："眼睛是了解一个人的最好工具。"的确，语言会说谎，但眼睛却不会。当一个人眼神开始慌乱，肢体动作潜意识里与眼神"错位"时，这是其试图说谎的表现。如眼神瞟向右时，其肢体会向左；眼睛在看一边时，其手指却指向另外一边；或者口中称是，却在不断地摇头；等等。从这些行为与眼神的"错位"上，足以说明对方在说谎。

如一个人说："这件事我不是已经和你说过了吗？"然后，其眼神中开始呈现出一副生气的样子。又如，一个人在"砰砰砰"地敲打桌面后才露出很愤怒的样子，这其实是在表演，是在装腔作势。因为很明显，他的表情是在其说话之后"构造"出来的。一般来讲，没有说谎的人，其面部表情和身体姿势是同时发生的，而不是一前一后发生。上面两种情况当中，说谎者的话语明显比其面部表情和动作来得早。

眼神（还有其他面部表情）不论是过早还是过晚地与肢体动作不协

调，都是说谎的标志。这是因为，说谎者在说谎时往往会绞尽脑汁地对事实进行捏造，而这种事实毕竟不存在于其潜意识中，所以会出现语言、眼神跟不上肢体动作的现象。

“贼溜溜的眼睛，东张西望”常用来形容一些心怀鬼胎的人，这说明一个人不论心里在打什么主意，其眼神都会将其内心的想法忠实地告诉你。一个人在说谎时，某种信息会从其眼睛里透露出来。如一个人即使对某人没有好感，但为了逢迎对方也会说些逢迎的话。这时候你就会发现，为保持自己注意力集中对方会睁大眼睛。

总之，一个人的肢体动作和眼神出现“错位”时往往是在说谎。这就要求我们在与他人交流的过程中，不要只看对方的肢体动作，注意观察对方的眼神也是很重要的。

要想知道对方是不是在撒谎，你要注意对方的眼睛

在正常的社交活动中，交谈双方应该留有合理的时间和空间注视对方，但说谎者的眼神大多不会太集中，而是四处飘移，似乎在寻找着什么。假如看到这样的眼神，你就要小心了，对方说的很可能是谎言。更进一步讲，对方这样表现的真正目的是另有所图，跟你讲话不过是幌子。如对方说话的同时，不时地将眼神移开看向远处，这表示你在说什么对方根本不关心，甚至其连自己在说什么也不知道；当看到对方说得手舞足蹈而眼睛却黯淡无光时，你就应该想到，对方肯定有意外或不顺心的事发生；当对方一直在盯着你，可嘴里却在不由自主地说“没办法，事到如今，听天由命吧”时，这表现出了其担心自己的谎言马上要被揭穿，故作镇定的心理。

在职场中对话，要留意对方语言和眼神是否协调

我们和上司或者下属打交道时，可以通过观察对方的眼睛，来洞悉其内心的一切。如你的上司表面上很温和，说话也非常低调，但其实他内心非常高傲自负，因为他总是习惯用目光从上往下打量人，这表现出了非常强的优越感，他说的每一句话不过是为了尽量掩饰自己在这方面的缺点而已。再如，上司在对你说“好好干，以后会重用你的”的时候，却并不抬头、也不看你。此时，你要明白这其实是一种不太好的征兆——他在轻视你，或是认为你无能。

【读脸术】 观察人的眼睛是一种非常好的识人术。人们最真实的想法往往能通过眼睛透露出来：眼神显得清明的人心中正直，眼神看上去闪烁的人心有杂念。当然，人和人不一样，眼神也各有其特点，不可一概而论，如有的人眼神一向很迷离，在任何心情下都不会有太大变化，那判断起来就会相应增加难度。因此，要想掌握辨识他人内心的技巧，我们需要认真观察交际对象的身体动作以及面部表情，仅凭看眼神去判断一个人的心理是远远不够的。